これがわかれば

小さな小さな50のさとり

元結《もっとい》不動
密蔵院住職
名取芳彦

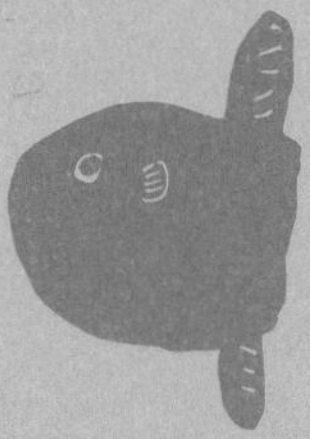

さくら舎

はじめに――楽しい「さとり」拾い

年齢を重ねると、生きていくのに必要なものが少しずつたまっていきます。「これがわかっていれば大丈夫」という、人生を歩くときの杖《つえ》にも似た、日常の中の気づき（さとり）についても同じことがいえます。

幼稚園の子どもに小学生が「どうすれば、お姉ちゃん（お兄ちゃん）のように、勉強ができるようになるの？」と聞かれれば、「毎日少しずつ勉強すればいいんだよ」と答えるでしょう。それは小学生が「少しずつ勉強すれば、勉強ができるようになる」ことを、自分の経験から知っているからです。

高校生が小学生から「どうすれば彼氏（彼女）ができるの？」と聞かれれば、「自分がすてきな人になるんだ」と教えるでしょう。高校生になるまでに、「すてきな人に恋人ができる」ことを、体験として知っているからです。

社会人が大学生から「会社に入って、人間関係で困らない方法は何ですか？」と聞かれれば、「気配《きくば》り、心配りだよ。自分勝手は禁物」と答えるでしょう。自分や同僚が気配りの欠如《けつじょ》でトラブルになるのを目《ま》の当たりにして得た小さなさとりの一つです。

既婚者が独身者から「夫婦円満の秘訣《ひけつ》は何ですか？」と聞かれれば、「お互いを見つめていないで、肩を寄せて同じ目標を見るんだ」と、自分が得た夫婦関係に関する一つの秘訣を披露することもあるでしょう。

『華厳経《けごんきょう》』という経典に、善財《ぜんざい》という少年が、さとりを目指す話があります。

善財童子が文殊菩薩《もんじゅぼさつ》をかわきりに、五十三人の師を次々に訪ね、それぞれの師のもとで修行《しゅぎょう》を重ね、ついに普賢菩薩《ふげんぼさつ》のもとでさとりを開くという壮大《そうだい》な物語です。ゲームでいえば、次々にアイテムを手に入れていく物語です。

私たちの人生も、善財童子の旅のようなものでしょう。

深遠《しんえん》な仏教の教えをすべて体得できるわけではありませんが、「努力が大切」「人には親切に」など、人生に必要な、小さいけれど、大切な「さとり」を、私たちは一つ一つ獲得してきました。

仏教にハラダイモクシャという言葉があり、別解脱《べつげだつ》と訳されます。大きなさとりではなく、個別の事例に関して「これがわかっていれば大丈夫」という気づき、小さなさとりです。

「さとり」の材料は、日常の中にごろごろ転がっています。

本書はその材料に、仏教というフィルターをかけ、堂々と、笑顔で、前向きな人生を歩むために、わかっておいたほうがよいと思われるものを、整理し、結晶化してお伝えしようと書きすすめました。

私自身、本書で取りあげたことを四十歳になるまでに知っていたら、どんなに心おだやかに過ごせただろうと思います。その多くは、学校で教えてくれなかったことです。

みなさんが、すでになんとなくわかっていること、あるいはぼんやりと感じていることも入っているでしょう。

しかし、そこにあらためて仏教というフィルターをかけることで、より鮮明な「さとり」になり、これからの人生を歩む杖にしていただけると思うのです。

では、ページをめくって、楽しい「さとり」拾いにお出かけください。

名《な》取《とり》芳《ほう》彦《げん》

目次

第2章 これがわかれば 無理しない

第3章 これがわかれば 疲れない

第4章　これがわかれば 気にならない

第5章 これがわかれば　ふりまわされない

これがわかれば

小さな小さな50のさとり

第1章　これがわかれば

こだわらない

1 迷うことは悪くない

不動ということ

昔のインドのお坊さんたちは「私たちはどうして行動できるのだろう。どうすれば行動できるのだろう」と考えました。

心がおだやかな状態（さとり）を目指す僧侶《そうりょ》が、具体的に動きだすために、この問いはどうしても必要だったのでしょう。どんな行動を起こすにしても、その行動の前提になるものが何なのか、それを知りたかったに違いありません。

そのために、人々の行動と、行動にいたった心理を分析し、思考を重ね、瞑想《めいそう》し、行動する前の心の状態を掘りおこしました。そして得られた一つの答えが、「**決めないと、動けない**」でした。「心を不動にし（決め）ないと行動を起こせない」ということです。

この本を買ってくださったのも、「この本を買おう」と決めたからでしょう。どうしようと迷っていれば、買えません。毎日身につけるソックスや靴《くつ》、服も「これにしよう」と決める（心を不動にする）から、引きだしやタンスから取りだせます。

朝起きるのも「起きよう」と決め、出かけるのも「よし、行くぞ」と決めています。

一つのお料理に箸《はし》が向かうのも、「これを食べる」と心を不動にした結果で、決められなければ、箸はオロオロ「迷い箸」。

私たちは子どものころから「どうするの？　早く決めなさい」と、何度もいわれて育ってきました。おもちゃ選びで迷い、料理のメニューで目が迷走し、学校の授業の選択で戸惑い、恋人選び、仕事選びで途方にくれます。しかし、結果として、何かを決めてきました（それは同時に、何かを捨て、あきらめることでもありました）。

この先も、この世の役割分担が終了する（死ぬ）まで、そんな選択の連続です。

迷うことが悪いとは思いません。**迷えば、自分は本当は何がしたいのか、そのために何をすべきかという原点を思いだせます**。目標を再確認することで、迷いを断ちきり、心が不動になって、一歩ふみだせます。

だから、迷っているときは、どうしようとオロオロするばかりでなく、「私はまだ決心していない状態なのだ」と自己分析する心の余裕は持ちたいものです。そして、「決めないと、この先に進めないぞ」と自分を励ます心の元気も持ちたいものです。

「心を不動にしないと動きだすことができない」――これが昔のインドのお坊さんたちが導きだした、当たり前といえば当たり前の、私たちの行動原理です。これを象徴した仏さまが「不動明王《ふどうみょうおう》」だと、私は思っています。

動けば現状が変化します。変化してわかることがあります。その結果、「あのときは、こう決めたけど、また考えてみよう」と、再考するのもＯＫです。

私は四十代以降の生き方（行動）の土台を二つ決めました。一つは「いつでも、どんなことが起こっても、おだやかでいられる心をつくっていこう」。もう一つは、あの世へ行ったとき、先にあの世へ逝《い》った人たちに「あなたがいなくなってから、私はこんな人生を歩んできました、と堂々と報告できる生き方をしよう」です。

何が起こるかわからない人生でも、「こんな生き方をしよう」と決めて動きだせば、ぶれない、密度の濃い日が多くなります。

決めたら、具体的に一歩ふみだすしかありません。不動明王の躍動した姿は、具体的な行動を勧《すす》めています。

「迷ったら決める、決めたら動く」で、一歩一歩進んでいきましょう。

2

我慢も楽しみになる

我慢ということ

お寺で二ヵ月に一度やっている「法話《ほうわ》の辻《つじ》」は、仏道とみなさんの人生街道の交差点という意味で命名した法話の会。現実の生活を、仏教の教えのとおり生きるのは至難《しなん》のわざです。しかし、仏教の教えで歩く道（仏道）と、ときに交差して、生活の中に仏教の教えを活《い》かしていただきたいというのが、下町のしがない住職《じゅうしょく》の秘めたる願い。

あるとき、参加者全員に「あなたにとって、不安定なお金と健康を除いて、これがあれば人生を生きていけると思う大切なものは何ですか」と質問しました。もちろん、唯一絶対の正解などありません。しかし、大切なものを自分の寄るべとして意識するか否《いな》かで、人生のブレ幅が違ってきます。

出てきた答えは、家族、子どもの笑顔、信頼できる人、人との関わり（孤立しない）、夢など、私もあまり意識しなかった大切なことの数々でした。その中に、「〝目標〟でしょう」と答えた人がいました。思わず私は「ですよね。我慢ですよね」とトンチンカンなことをいいました。参加者は？？？状態。しかし、私は、目標＝我慢だと思っているのです。

目標達成のために、努力が必要なのはだれでも知っていますが、私は**努力よりも「我慢」を覚悟**すべきだと思うのです。

小学校での保護者向けの講演会の質問コーナーで、「うちの子は我慢ができないのですが」と、よく質問されます。そのときは、「目標がないと我慢できませんからねぇ。我慢する価値がある目標を示してあげてください」と答えます。

我慢には二つの側面があります。それは「我慢してやる」と「我慢してやらない」です。

だれでも、ついこのあいだまで子どもでした。親から「我慢しろ」といわれて、無理に自分の気持ちを封じこめ、切なく悶々《もんもん》とした思いをしたでしょう。それが「我慢しないで自由な生活ができる」大人に、早くなりたいという願望に変わります。私がそうでした。

仏教では、心おだやかに生きるという目標達成のために、六つの方法（六波羅蜜《ろくはらみつ》）を説きます。その中に、精進《しょうじん》と忍辱《にんにく》があります。精進は努力すること。つまり我慢してやることです。忍辱は、はずかしめを忍んで我慢することです。

前項の「不動ということ」（12ページ）でもふれたように、何をするにも、まず「これを目標に設定するぞ」と心を不動にしないと動けません。そして、動くときには「**目標達成のために我慢してでもやらなければならないことがある。そして、目標達成を阻害《そがい》することは我慢して、やらないぞ**」と二種類の「我慢」を覚悟しておかないと、嫌だ、面倒だと愚痴《ぐち》の垂《た》れ流し状態になります。

他人から「我慢しなさい」といわれてカチンときたら、「何のために？」とたずねてみるといいです。「○○のために」と目標を共有できれば、「なるほどね。じゃ、我慢しましょう」と冷静になれます。

そして、自分で我慢してやろう、我慢してやめておこうと思ったときには、「この目標達成のためだ」と自分を納得させてみてください。そうすれば、我慢も一つの楽しみになります。

お坊さんの修行《しゅぎょう》はたいへんに見えるでしょうが、お坊さんたちは、目標に向かって、けっこう楽しんでやっているのです。

「目標はいつでも我慢とセット」を、心の中にとどめておくといいですよ。二種類の「我慢」をすることで、夢はかなうのです。

3

マイナス感情の取り扱い方

観自在ということ

日本で有名なお経《きょう》の一つが『般若心経《はんにゃしんぎょう》』。二七〇文字ほどの短いお経です。その前半では、学校では教えてくれない「空《くう》」という、物事のあり方について解きあかします。

簡単にいえば、どんなものでも膨大《ぼうだい》な縁《えん》の集合体なので、単体として存在するものはなく、また、縁は次々に加わるので不変の実体はないという物事のあり方です。

「自分の考えはこうだ」と思っても、それは勉強したことの数々、経験した無数のことがもとになっています。突然できあがったものではありません。これから知る知識もありますし、これから経験することもあるので、いまの自分の考え方も、この先どんどん変化していきます。

かつて悔《くや》しかったことが、笑い飛ばせるようになるのは、心に不変の実体がなく、常に変化していく空だからです。しかし、私たちは「いつまでも同じ」と、つい思ってしまうので苦しみます。だから、すべては空だと知っておいたほうがいいのです。

こうした空のありさまを体得する智恵《ちえ》（般若《はんにゃ》）を説いているのが『般若心経』です。

結論部分では、その智恵を得るための呪文《じゅもん》（真言《しんごん》）が提示されます。

内容については別項でもふれますが、写経《しゃきょう》でも人気ナンバーワンの『般若心経』は、お釈迦《しゃか》さまが舎利《しゃり》という名前の弟子に語る形式をとります。

その冒頭で、観自在《かんじざい》菩薩《ぼさつ》が登場します。「観自在菩薩が、心がおだやかになるための、深い般若という智恵を身につけようと修行していたときにね……（観自在菩薩、行深般若波羅蜜多時）」と始まります。

観自在菩薩の別名は観世音《かんぜおん》菩薩。そう、みんな知ってる歌ってる（かどうか定かではありませんが）、観音《かんのん》さまです。智恵について説く場合は観自在菩薩、慈悲《じひ》に関係したときは観世音菩薩と訳されますが、同一仏です。

空を説く『般若心経』の冒頭で、観じること自在な観自在菩薩が登場するのは、考え方が自在で柔軟でないと空がわからないことを暗示していて、おもしろいと思います。**杓子定規《しゃくしじょうぎ》な考え方で、頑固者《がんこもの》だと、心おだやかな状態から離れるばかり。心おだやかになれません。**

自分の心にマイナスの感情がわきあがったとき、「自分はどうしてこんなふうに感じるのだろう。何をどうしたいのだろう。それは自分のわがままではないのか。同じ状況をなんとも思わない人はどう考えているのだろう」と、マイナス感情を多角的に分析する心の余裕が観自在。観自在な心で、自分を見直してみると、心の波風が静まります。

そのためには、練習が必要です。たとえば、お坊さんたちは、紙一枚の中に、その材料の（異国で育った）樹齢何十年の木や、その木を育てた雨や太陽、枝を走りまわったリスの姿を観じようとします。

あなたが雨嫌いなら、ビニール傘でなくお気に入りの傘を買えば、雨が楽しみになります。年をとるのが嫌なら、年をとるメリットを考えてみるのです。

テンションが高いときには、自分のハイテンションのせいで気分を悪くしている人はいないだろうかと、周囲を見まわしてみるのです（それが気配《きくば》りのできる人です）。

自分の世界を広げるために「物事を別の観点から見てみる」とは、よくいわれることです。それを、仏教では「観じること自在、観自在でいきましょ！」と、昔からアピールしつづけています。

あなたも観自在の練習をしてみませんか。

4

だれの内面にもまじめと邪悪が同居する

一即多ということ

よく知っている人が、予想外の言動をしたとき、「あんな人だと思わなかった」とガッカリするのはよくある話。

ガッカリしなくてはいけないのは、人を見る自分の眼力《がんりき》のなさのはずです。しかし、相手だけを責めて、勝手な思いこみをしていた自分を正当化する。なんと自分は身勝手なことかと反省したのは、四十歳を過ぎてからのことでした。

不思議なことに、相手が予想以上のことをいったり、やったりすると、やはり自分の洞察力の欠如《けつじょ》はそのままに「へぇ、あの人にはそんなところがあったんだ」と感心します。

右の二つの反応は、自分が相手の本当の姿を見ていなかったという点で同じですが、「あんな人だと思わなかった」より「へぇ、あの人にはそんなところがあったんだ」のほうが、ずっと前向きで、楽しい人づきあいができます。

人にはさまざまな側面があります。まじめな面もあれば、邪悪《じゃあく》な側面もあります。一人の人間の中に目立ちたがりの面もあれば、引っこみ思案なところもあります。人の心は多種多様な要素で構成されています。

一人の人間の中に、たくさんの人間がいるようなものなので、「あの人はこういう人だ」と決めつければ、遅かれ早かれ辻褄《つじつま》の合わない部分が垣間見《かいまみ》えてきます。

仏教では、すべての存在は一つのように見えても、その中にたくさんの属性を含んでいると考えます。それを「一即多《いちそくた》」といいます。

あなたがいま着ているものを例に考えてみましょう。

あなたが身につけているのは一枚の洋服ですが、そこにどんな属性があるでしょう。色、デザイン、素材、サイズなどは見てすぐにわかる属性です。

色やデザインにしても、流行や、どんなスカートやパンツに合わせるかによって異なりますから、あなたがいま着ているものは、お仕着せのものでなく、「自分で選んだ」という面もあります。素材も、着心地や丈夫さなど、あなた好みのものでしょう。あなたの体型によってサイズは制約されます。

このように考えると、単に「一枚の服」といいあらわせないものになります。

ひとくちに家といっても、台所、廊下、トイレ、天井、窓、クローゼットなどの集合体。その中の台所ひとつをとっても、キッチン用品やコンロ、シンク、水道、洗剤などの複合体。部屋にかかっているカレンダーも、十二ヵ月、三百六十五日の連合体。まさに、私たちのまわりにあるものは、すべて一即多のあり方をありありとさらけだしています。

書店でも、本の多様さだけでなく、映像商品や文房具、お菓子や雑貨が置いてあるところもあるでしょう。一つのお店は多くの商品で成りたっているので、一即多です。

くり返しになりますが、人の心も一即多。この人はこういう人だと思っていても、それは、あくまで相手の一部を見ているだけです。ですから、**相手にガッカリするより、自分の思いこみを反省する材料にするほうがいい**と思うのです。

この一即多の考え方は、自分はダメだと自己嫌悪《じこけんお》になったとき、まだ発揮されていない素晴らしい部分もあるはずだと信じられる、自己肯定につながっていきます。

一即多の考え方は、一つのことを分解し細かくして、広大無辺《こうだいむへん》のミクロの世界へ分けいる、とてもすてきな心の旅です。**身のまわりにあるものを心の目で分解してみてください。**

次項では逆のマクロの世界へ。心広がる「多即一」の世界観をご紹介します。

5

ちっぽけだけど かけがえのない存在

多即一ということ

『般若心経』に、有名な一節があります。それが「色即是空《しきそくぜくう》、空即是色《くうそくぜしき》」の対句《ついく》。ここで使われる「色」は「物体」のことで、カラーとか性欲のことではありません。色は仏教では物体をあらわす言葉です。

右の対句は「色はすなわち是《こ》れ空、空はすなわち是れ色（なり）」と書きくだされます。意味は「物体は縁の集合体だし、縁の集合体が物体なのだ」と考えていただければいいでしょう。

前項で扱った「一即多（一つの中にたくさんの要素が詰まっている）」は、前半の「色即是空（物体は縁の集合体）」をいいかえたものです。

ここでご紹介するのは、後半の「空即是色（縁の集合体が物体）」。いいかえると「多《た》即一《そくいち》」です。バラバラの要素が散らばっているように見えても、それで一つのまとまりとして機能しているという物事のあり方です。

ときどきお寺に、心理分析なら二重人格に分類されると思われる方が相談にいらっしゃいます。自分の中に別人格が存在して、自分の意志と関係なくときどき入れかわるので、社会生活ができないで苦労されていらっしゃいます。

私は医師ではないので、古来の方法で拝《おが》むことしかできません。どちらかの人格を追いだすことはせず、別人格のほうをなだめて共存をはかれるようにご祈禱《きとう》します。二人で一人、多即一でいいと思うからです。

夫婦も、お互いが欠けている部分をおぎなって成立します。二つのギザギザの歯車のようなもので、ギザギザだからかみあって大きな力が出るのです。

家族は一人ひとり別人格ですが、夫婦よりもたくさんの歯車が組みあわさって、より大きな力を発揮します。まるでアナログ時計の内部のようです。

会社も同じでしょう。たくさんの部署があって一つの会社として成りたちます。

日本の国も、山、川、平地、沿岸、海が四季折々に美しい姿を見せてくれます。都市、農村、漁村、工業地帯など、さまざまな機能を持った地域の集合体です。

地球は表面積の七割をしめる海と六つの大きな大陸、八百七十万種ともいわれる生物、厚さわずか五百キロ（たった東京―京都間ですよ！）の大気圏をまとう、一つの星。

地球をはじめとする惑星と、無数の小惑星を周囲にしたがえている太陽。この太陽系を直径二メートルとした場合、太陽系がある天の川銀河の直径は百三十キロメートルだそうで……。そんな銀河が宇宙には七兆もあるそうで……。で、これがまとまって、一つの宇宙を構成しています。

こうした世界観を、仏教では「多即一」と呼びます。奈良東大寺《とうだいじ》の大仏《だいぶつ》さまは、お座りになっている蓮《はす》の花も含めて、それをあらわしています。花弁一枚の中にいくつもの世界が描かれているのです。

私は、自分が取るにたりない存在だと自己嫌悪におちいったとき、大勢の中でちっぽけな存在だと自棄《やけ》になったとき、この「多即一」の世界観を思いだし、どれだけ助けられたことでしょう。

世の中に無駄なものは、あなたを含めて何一つなく、一つのものを構成するかけがえのない存在なのだというのは、こうした世界観から生まれてきます。それが、たくましい人生観へとつながります。

一即多のミクロの世界へ分けいっても、多即一のマクロの世界に心の翼《つばさ》を羽ばたかせても、どちらも広大無辺の素晴らしい世界が広がっている――そんな見方ですべてを見てみてください。気づかないうちに、ゆるぎない自己肯定観が築かれていきます。

6 自分に正直に生きればいい？

誠実ということ

三十代のころの私は「誠実」という言葉が、やけに気になっていました。周囲に何人か誠実が服を着て歩いているような人がいました。会話や身のこなし、そして対応がとても誠実で、こちらがさわやかな風に包まれるような人です。誠実な人と一緒にいると、とても安心できました。

ところが、私は正直でまじめなところがあるけど、誠実ではないと思っていたのです。『新明解国語辞典』には「誠実：言動にうそ・偽《いつわ》りやごまかしが無く、常に自分の良心の命ずるままに行動する様子」とあります。

私は「言動にうそ・偽りやごまかしが無い」という意味で正直かもしれませんが、「良心の命ずるままに行動する」が欠如していたのです。

私は「まじめ＝心の余裕のなさ」と感じて、まじめさを隠すために、よく冗談《じょうだん》や駄《だ》洒落《じゃれ》を連発し、人の言動も茶化します。これでは、「良心の命ずるままに行動」しているとはいえません。つまり、私は誠実の定義からはずれるのです。

中国古典の『荀子《じゅんし》』に、こんな言葉があります。

「仕《つか》える相手に認められないのは、自分が怠《なま》けているからだ。怠けていないのに認められないのは、誠実さに欠けているからだ。誠実なのに認められないのは、仕える相手を尊敬していないからだ。尊敬しているのに認められないのは、成績をあげていないからだ。成績があがらないからだ。

成績をあげているのに認められないとしたら、それは自分に徳がないからである」

「あなたが人から認められないのは、つまり、あなたに誠実さと徳がないからだ」と一《いっ》刀両断《とうりょうだん》です。

仏教では、徳に関する四摂法《ししょうぼう》の教えがあります。誠実の四つの側面をみごとにあらわしていると私は思います。

1 無条件で何かをする布施《ふせ》。
2 やさしい言葉を使う愛語《あいご》。
3 人のために何かをする利行《りぎょう》。
4 相手の立場になって考え、行動を共にする同事《どうじ》。

こうした徳がある人は、台風が周囲の雲を引き寄せるように、周囲に多くの人が集まってきます。そして、人々の心をつかみます。人を摂取《せっしゅ》できる四つの徳なので、四摂といわれます。

勘違《かんちが》いしないでいただきたいのですが、仏教の四摂は、人心を引きつけるためのメソッドではありません。**こうした徳を持っている人は、結果的に人の心をとらえる**というのです。

先の見通しが立たない世の中では、自分に嘘《うそ》をついてまで人に合わせようとして、ついに心が壊れてしまう人がいます。そのために「自分に正直に生きよう」という言葉がもてはやされます。そのためでしょうか、自分に正直な人が増えている気がします。

見返りがなければ意味がないと正直にいう人。

やさしい言葉は相手にためにならないからと、言葉の剣をそのまま正直に相手に向ける人。

人のためよりまず自分でしょ、と正直に開きなおる人。

相手の立場に立ったら、自分がバカを見ると正直に公言してはばからない人。

正直なのは悪いことではありません。誠実になるために正直は不可欠な要素です。しかし、その正直を徳や誠実という大木に育てないのは、とても勿体《もったい》ないと思います。

7

よく「～のせい」と思う人へ

おかげということ

仏教の教えの中で、大きな地位をしめるのは空《くう》という、すべてをつらぬく物事のあり方。これを「何もない」ではなく「何でも入る状態」と説明する人もいます。

宇宙だって、私たちの心だって、何でも入っちゃうぞ！　小さなことで心をいっぱいにしなくていいよ、心は何でも包める巨大な風呂敷《ふろしき》だよと、励ましてくれるような説明です。

また、変わらない実体はないと説明する人もいます。どんなものでも、さまざまな条件（縁）で成りたっています。その条件は、時間を含めて刻一刻と変化していきます。それが世の中を貫《つらぬ》く大法則です。

「這《は》えば立て、立てば歩めの親心」は、赤ちゃんが時間経過という条件で変化（成長）していくこと、そして親の望みも次々に変わっていくことをあらわす言葉です。赤ちゃんの体も、親の心も変化するので、変わらない実体はないと、空のあり方を説明することわざともいえます。

そのときの現実は、さまざまな条件がより合ってできあがります。その条件は、私たちが選べるものもあれば、選べないものもあります。

本書をお読みになっているいまは、出版社が企画し、私が書き、本が書店に並び、あなたが買ったという条件がそろった結果です。この中で、買った、読みはじめたという二つの条件はあなたがそろえたものです。

しかし、あなたの意志が及ばないものがたくさんあります。値段が手ごろだった。たまたま読む時間があった。他に読まなければならない本がなかった。縁起《えんぎ》でもありませんが、あなたが死ななかったのも、一つの条件です。

このように、いまあなたが本書をお読みになっている事実の裏側には、膨大な条件があります。その条件がすべてそろった結果として、いま、この本を読んでいらっしゃいます。

現在のあなたを、別の角度から見てみます。

あなたを生んでくれた親、その親を生んでくれた祖父母、さらにその先の先祖たちがいなければ、あなたはいまここにいません。親が育ててくれ、一緒に笑ってくれた友人がいたはずです。友人に裏切られたり、尊敬できる人との出会いもあったでしょう。毎日食べる食材をだれかがつくり、採《と》り、捕まえてくれました――こうした結果、あなたも私もいまを生きています。何の助けもなく、いきなりいまの自分になったわけではありません。

このように、空という物事のあり方の中で、**自分の意志に関係なく、陰でいまの自分をつくりあげ、支えてくれたさまざまな条件に感謝する気持ちをあらわす言葉が「おかげ」**です。

いまの自分によい影響を与えてくれた条件を「おかげ」といいます。一方、自分に悪い影響を与えた条件のことを「～のせい」といいます。

私は、自分の心の状態をチェックするときに、「～のおかげ」と「～のせい」のどちらで考えているかを考えます。

先人たちは「感謝できる（～のおかげと思える）人は幸せである」といっています。「～のおかげ」と思えるときは、いまの自分は幸せだと思えているときなのです。逆に、いまの自分は不幸だと思っている人は「～のせい」ばかり口にします。

数えあげれば、たくさんのおかげをいただいている私たち。

たくさんのおかげを感じる日を、なるべく多くしていきたいものです。

8 どうしても気分転換できないとき

陽気ということ

「むずかしい話をやさしく、やさしい話を深く、深い話を楽しくしゃべる」は、話し方の先生から聞いた言葉。この先生を迎えて開催した「話の寺子屋」には、若いお坊さんたちも参加してくれました。

「私の宝物」を題に、全員が三分間の話をしたときのこと。参加者の中でまじめな青年が、にこりともせずに話を終えました。すると「もっと明るく、楽しく話さないとダメだよ」と先生のアドバイス。「でも、僕はもともと、そんなに明るくないんです」といいわけをする彼に、先生はいいました。

「まじめで眉間《みけん》にしわをよせた、暗い表情の赤ん坊なんて、見たことないだろ。人はだれだって、明るく生まれているんだよ。もともと暗い人間なんていないんだ。暗くなったのは、だれのせいでもない自分の責任なんだ。おまけに話は百パーセント相手のためにあるんだ。だから、相手のために、もっと明るく話さないといけないよ」

いわれてみればなるほど、誕生はどう考えても「前向き」な現象です。**私たちはこ**

の世に生まれたとき、すでに前向きな現象に包まれていたのです。

指摘を受けたまじめな彼は、ますます暗い表情になり、隣の人に「大丈夫か？」と肩をたたかれ、会場が明るい笑いでいっぱいになりました。彼もつられて笑顔になったとたん、「そう。その笑顔でしゃべるんだよ」と、先生はやさしく教えてくれました。

私たちは、ときに落ちこみます。人を恨《うら》むこともあります。愚痴もこぼします。しかし、落ちこみっぱなしで人生を送るのは勿体ないことです。

人を恨むことを生きがいにしても心を狭くするだけです、愚痴ばかりこぼしていれば、こぼした愚痴で自分の心がベトベトに汚《よご》れていきます。

そんなとき、私は晴れた日を選んで車があまり通らない住宅街へ散歩に出ます。午前十時ころまでか、午後二時すぎの家や塀《へい》の影ができる時間を選びます。歩く場所は日陰ぎりぎりの日なた。そこで「自分はいま、横の日陰にいるようなものだ。たった一歩横にふみだせば、日の当たっている場所を歩けるはずだ」と自分にいいきかせます。

そうすると……。

落ちこんでいるときは、落ちこんでいる場合ではない、一歩ふみだせばいいと気づきます。

人を恨んでいるときには、「恩は石に刻《きざ》め、恨みは水に流せ」の格言が思いうかびます。

愚痴が多いと感じたときは、「意地や愚痴の濁《にご》り（濁点《だくてん》）を取れば、きれいな意志や口（言葉）になる」という先輩の言葉を思いだします。

それでも気分転換できないときは、「ああ、まだダメだ。まだ気分が晴れない。だけど、一ヵ月後には『こんなことを気にしていました』とニッコリ笑って人にいえるようになろう」と笑顔で自分にいいきかせます。

「泣いても一生。笑っても一生。同じ一生なら、笑って生きよう」はよく聞く言葉です。私はこれを「同じ一生なら、陽気に生きよう」にして生きていこうと思うのです。

どうすれば、陽気に生きていけるのか……。

それは、変化してやまない人生の中で、いま生きているという事実を、嘘偽りのない真実としてしっかり確認することです。そして、せっかく生きているのだから、陽気に生きようと願うことです。陽気になれない理由を外に探しても仕方ありません。

日陰から日なたに、一歩ふみだす力、笑顔になれる力は自分の中にあります。

第2章　これがわかれば

無理しない

9

自分の意見を聞いてもらえず悶々とするとき

傲慢ということ

　自分の意見を聞いてもらえず、悔《くや》しい思いをした人は多いでしょう。「枕を濡《ぬ》らしたのは夜露《よつゆ》のためばかりではない」と悔しさを吐露《とろ》した経験は、私も数えきれません。「なるほど、相手に理がある」と自分で納得できれば、いいのです。ところが、否応《いやおう》なく、あるいは仕方なく服従しなければならないときは、心おだやかでいられず、相手を憎むことになります。水に流すべき恨《うら》みを石に刻《きざ》んで悶々《もんもん》とするのです。

　心おだやかに生きるには、恨む相手を反面教師にして、自分は人の意見に耳をかたむけよう、他の人を尊重しようと考えたほうがいいのですが、「いつかみていろ、私もやりたいようにやってやる」と考えれば、自分の意見を通せる立場になったときに、恨みを買い四面楚歌《しめんそか》になります。

　相手の意見に聞く耳を持たず、自分の意見を通そうとする人には、それなりの理由があります。いままでそのやり方でやってきた自信があります。車で目的地に行って、それまで何の支障《ししょう》もなかった人に「電車やバスはどうです」と聞けば、「いや、車なら確実だ」と答えるでしょう。自信があるので、他の意見を聞かないのです。ある意味で当たり前です。

私は「なるほど。過去の経験から自信がある人が、自分の考えを譲《ゆず》らないのは当たり前だ」と気づき、心をおだやかにしてきました。私たちは「当たり前だ」と思えることに、あまり腹はたたないものです。

ところが、自分の意見を押し通す人の中には、たいした自信もないのに、勝手な思いこみで他人に対して傲慢《ごうまん》な人がいます。

仏教では、**おだやかな心を邪魔《じゃま》する考えのことを煩悩《ぼんのう》**といいますが、数ある煩悩の一つに「慢《まん》」があり、さらに慢を七つに分けます。

1 自分より劣っている人より自分は勝《まさ》っていると思う（慢）——こう思うことで相手を見下します。相手が年下だとわかったとたん、言動が変わる人がこれです。嫌なやつですね（私のことです）。

2 自分と同等の者なのに自分のほうが勝っていると思う（過慢《かまん》）——「こう見えても、昔は」と自慢話をする人に多いようです。「いまを生きたらどうだ！」といいたくなります。

3 自分より勝っている者に対しても、自分のほうが上だと思う（慢過慢《まんかまん》）――典型的なナルシシスト。現実に気づいたとき、自己嫌悪《じこけんお》で鬱《うつ》になりそうです。

4 自分は変わらないと思う（我慢《がまん》）――日本語の「我慢」の語源がこれ。意味が大きく変化した仏教語の一つです。諸行無常《しょぎょうむじょう》や空《くう》の大原則からいっても、自分は変わらないと考えるのは、大きな間違いです。

ほかに、

5 さとっていないのにさとったと思う（増上慢《ぞうじょうまん》）。

6 自分よりも勝っている者にいだく劣等感（卑下慢《ひげまん》）。

7 人徳がないのに徳があるとおごりたかぶる心（邪慢《じゃまん》）があります。

いずれも、おだやかな心をむしばむ煩悩です。

こうした煩悩は他人に見いだすほうが簡単ですが、それを反面教師として**自分の中の「慢」に気づく習慣は身につけたい**と思います。チャンスはたくさんあります。実るほど頭《こうべ》を垂《た》れる稲穂かな、育つほど土に手をつく柳かな――自分が勝っている気持ちがあっても、人の意見に耳をかたむけ、相手を尊重する姿勢は持っていましょう。

10 自分の都合どおりにならないときに

わがままということ

苦の仏教的定義は「ご都合どおりにならないこと」です。私たちが苦しい、つらい、悲しい、嫌だと思うときは、心が苦の状態ですが、どれも自分のご都合どおりにならないからです。

私たちのご都合は、自分の力でご都合どおりにできるものもあります。食事のメニューを何にするか、どこへ遊びにいくかなどは、自分の力で自分のご都合をかなえられます。

しかし、老いや天気、時間の流れなどの「そうなっていること」は、自分の力ではどうしようもありません。それらはそのまま受けいれるしかありません。年をとるのも、雨が降るのも、一ヵ月があっという間に過ぎ去るのも、思い悩んでも仕方ありません。

それを楽しむ心を持てば、苦が楽になります。

年をとったおかげで、ちょっとのことでは動じなくなったなど、年を重ねたメリットを数えれば、両手では足りないことに気づくでしょう。雨のおかげでみずみずしい木の葉を見て心がうるおいます。また、時間の流れは、心に変化をもたらしてくれます。

ご都合どおりにならないことで、私たちがもっとも苦と直面する場は対人関係でしょう。人にはそれぞれ違ったご都合があります。何かをやりたい人がいる一方で、やりたくない人、どちらでもいい人もいます。

仲間うちでバーベキューをやりたい人、準備や片づけが面倒なのでやりたくない人、やってもやらなくてもいい人もいます。普通なら、それぞれが妥協し、折りあいをつけて、一つの方向に向かいます。「では、準備する人、片づけする人、焼く人の役割を分担しよう」という具合です。

ここで、相手の意向などどこ吹く風とばかりに、どこまでも自分のご都合を通そうとすれば、「わがまま」の誹《そし》りはまぬがれません。

「自分のことをだれもわかってくれない」と意気消沈している思春期の子どもが、多感で心が揺れ動いているわが子とどう接してよいかわからない親の心情をわかろうとしないのと同じです。思春期を過ぎたのに、「自分のことはわかってほしい。でも、他人のことはわかろうとしない」では、社会では通りません。

偉そうなことを書いていますが、お寺の住職《じゅうしょく》は小さいながらも会社の社長のようなところがあって、自分でやりたいことはだいたいできる立場にあります。ご詠歌《えいか》（伝統的仏教讃歌《さんか》）、写仏《しゃぶつ》（仏《ほとけ》さまの絵をトレース）、法話《ほうわ》の会、読経《どきょう》の会など、三十歳を過ぎたころから、私は次々にいろいろなことに着手しました。

しかし、そのためには部屋やトイレの掃除はいうに及ばず、お茶菓子やお茶の準備など、私一人ではとても手がまわりません。いつも「やることにした」と事後報告の私の発案に、家族からは「やりたいのはわかるけど、相談してから決めてほしい」という要望が提出されることになります。

なんのことはありません。「自分のやりたいことはわかってほしい、でも、スタッフのあなたたちのことは考えていません」を地で行っていたのは、私でした。

いつしか、私は何かやろうとするとき、「ひょっとして、私、わがまま？」と考えられるようになりました。結果として、家族は私のわがまま（ご都合）を応援してくれていますが、図に乗っていると思わぬしっぺ返しをくらうことでしょう。

調子に乗って「私の後についておいで！」と旗をふって勢いよく進んで、後ろをふり返ったら、だれ一人ついて来なかったなんてことになりかねません。

「ひょっとして、私、わがまま？」は、紙に書いて壁に貼っておいたほうがいい言葉です。

11

ねたましい気持ちから脱却するまで

うらやましいということ

文章を書くときの必需品、「類語辞典」。一つの文章の中で同じ表現を使わずに変化を持たせたいとき、いいたいことをより的確に表現したいときなどに、とても重宝《ちょうほう》します。あるときのこと、「うらやましい」をひいたときでした。それまで、だれかのことをうらやましく思うのは、情けないことだと思っていた私は驚きました。そこには〔注〕として次のように書いてあったのです。

「うらやましい」には他人の状態に自分も到達したいという気持ちがあり、「ねたましい」には他人をそこから引きずり下ろしたい気持ちが働いている。（『角川・類語新辞典』）

うらやましいと思う心理には「そうなりたい」という願望があるというのです。それなら、そうなるために努力すれば、人をうらやましく思うのは、私が思っていたほど悪いことではありません。

他人の足を引っぱろうとする「ねたましい」状態は、いうまでもなく心が不健全ですが、うらやましいだけで努力しなければ、人を見て「いいなぁ」とヨダレを垂らしているようなもの。自分で努力しないなら、うらやましがらずに、すごい、素晴らしいと称賛だけすればいいでしょう。

お金持ち、大きな家に住んでいる、家族の仲がいい、容姿がいいなど、うらやましいと思うことはたくさんあるでしょうが、そうなるために努力しなければ、心がねじ曲がり、うらやましさはいつしか、ねたましい気持ちに変化していきます。

私がそんな自分に気づいたのは、三十歳を過ぎたころでした。一人、軽い自己嫌悪にさいなまれたのをおぼえています。だから、うらやましいという感情は、自分をダメにすると思っていたのです。

それからは、だれかのことをうらやましく思うのをやめました。それができたのは、**他と比べることをやめた**からです。「他と比べなくていい自分」に磨《みが》きをかけようと決めたのです。目指したのは、オリンピックで二位になった選手が「自己ベストが出たので、とても満足しています」と答える心境と同じです。

ギリシャの哲学者プルタルコスの言葉に「人生の幸福とは何であるかを知ったら、おまえは他人の持っているものなどうらやましがる必要はない」があります。

また、ドイツの哲学者ショーペンハウアーは「人は自分の心を養うためよりも何千倍も多く、富を得るために心を使っている。しかし、私たちの幸福のために役立つものは、疑いもなく人間が外に持っているものではなく内に持っているものなのだ」といっています。

弘法大師《こうぼうだいし》はいいます。「それ仏法はるかにあらず、心中《しんじゅう》にしてすなわち近し。真如外《しんにょほか》にあらず、身を棄《す》てていずくにか求めん」（仏の教えやさとりは、遠くにあるものではありません。自らの心の中というとても近いところにあるのです。ですからさとりの真理は自分以外のものに求める必要はありません。自分を否定して、いったいどこにさとりの真理を求めようというのでしょう）

あらためて「うらやましい」の元の「うらやむ」を『スーパー大辞林』で確認しておきます。

うらやむ：他人が自分より恵まれていたり、優《すぐ》れていたりするのを見て、自分もそうなりたいと願う。また、自分が他人ほど恵まれていないことを不満に思う。

ねっ！　自分で努力もせずうらやましいと思えば、その先に待っているのは心の暗黒面のような気がします。**他人ばかりに光をあてててうらやましがらず、自分にスポットライトをあてて、自分磨きをしましょう。**

12 わずらわしさや気苦労がない心身を得るには

孤独を愉しむということ

生きていくのに、他者との関係を切ってしまう「孤立」は避けたほうがいいと思います。しかし、「孤独」はあながち悪いことではありません。

一人でいると、自分の感情や考えをあれこれ反芻《はんすう》して、まとめられます。仲間と一緒だと、情報が多すぎてじっくり深く考えられず、意識の表層がしゃぼん玉の模様のようにめまぐるしく変化してしまいます。

私は仲間と一緒の時間を過ごした後の、孤独な時間が好きです。このかけがえのない孤独な時間が自分を深めていくのを、経験として知っているからです。その日あったことをどう感じたかを日記につづるようなもので、この作業はだれかと一緒にできるものではありません。

お釈迦《しゃか》さまの遺言として伝えられている『遺教経《ゆいきょうぎょう》』に、「遠離《おんり》」と題される短い項目があります。ここで、一人でいることの大切さを説きます。

短いので、意訳してご紹介します。

わずらわしさや気苦労のない心身を得るためには、ときには喧騒《けんそう》をはなれ、独《ひと》り閑《かん》居《きょ》するのがいいでしょう。

自分のことからも、他のことからも、すべての欲から離れて、独り自然と向きあい、心静かに、苦の根源である自らの煩悩や、無明《むみょう》に思いをめぐらす時間をお持ちなさい。

多くを願えば、悩みも多くなります。たとえ大木でも、たくさんの鳥の棲家《すみか》になれば、枝が折れ、枯れることもあります。多くの願いは、多くの鳥と同じなのです。

世間の束縛《そくばく》や、欲への執着《しゅうちゃく》は錘《おもり》となって、多ければ多いほど、あなたを苦しみの海の深みへと沈ませていきます。体の重い象は水に入るのが好きですが、沼に深入りした老象が、泥に溺《おぼ》れて自ら出られなくなるようなものです。

喧騒や執着、束縛から離れる時間と場所を持つことは、とても大切です。それを遠離といいます。

ところが、一人でいることにたえられず、人とのつながりを求め、あふれる情報の中に身を置くことで安心しようとする人がいます。

人とのつながりやたくさんの情報は、自分という木にたくさん鳥をとまらせるようなもの。自分にたくさん錘をつけて社会という泥沼に入ろうとするようなものです。

一人になって自分を見つめる時間を持つことで、多くの鳥にとまられても折れない枝になり、沈むことなく泥沼を進む力がつきます。

旅から帰ってきた人が「ああ、また現実世界に戻らないといけないのか……」「明日からまた娑婆《しゃば》世界だ……」と落胆しながらいうことがあります。

旅は知らずに溜《た》まった心の垢《あか》をリフレッシュし、きれいな心にリセットするのに、とてもいい方法だと思います。しかし、旅も私たちの人生の一部です。非日常の旅の経験を、日常の生活に活《い》かさないと勿体《もったい》ないでしょう。**あえて孤独になるのも、またとない非日常経験**なのです。

非日常な孤独になる時間は、私たちの心を強く、やさしく、大きくしてくれます。

孤独になる時間を、心をリフレッシュする時間でなく、経験したことをバネにして生きる、自分を再構築するための時間として、愉《たの》しんで生きませんか。

13

おごりとへつらいの青春を送ってきた私から

比べないということ

きょうだいがいる人は、子どものころに比べられて悔しい思いをしたことがあるでしょう。年上は年上なりに「弟ができるのに、あなたができないなんておかしいでしょ」。年下は年下なりに「どうして、お姉ちゃんができるのに、あなたはできないの」。私は三人きょうだいの一番下なので後者でした。「姉や兄はどうあろうと、僕は僕だ」と口ごもったのをおぼえています。

年頃になると、大人たちは同年の人と比べて、私たちを悩ませます。「あの子はできるのに、どうしてあなたはできないの」「みんな、そうしているでしょ」と。ここでも「私は私だ」とつぶやきます。

異性とつきあうようになると、ふたたび理不尽《りふじん》な比較問題が登場します。「仕事と私とどちらが大事なの」「ペットと俺とどちらが大切なんだ」

このように、比べること、比べられることにさんざんな思いをしているのに、親になると子どもに「お父さんとお母さんのどっちが好き?」とバカな質問をする大人になったりします。

普通の人はなかなかできないのに、自分ができるというだけで、「私ができるのに、なぜおまえはできないのだ」と人をバカにする人もいます。私はマイケル・ジャクソンと同い年ですが、あんな歌も歌えないし、ダンスもうまく踊れません。

「みんな違ってみんないい」や「世界に一つだけの花」で蒙《もう》を啓《ひら》かされているはずですが、他と比べることをなかなかやめようとしない私たち。こりもせず、比べて喜んで人を傷つけ、比べて悲しんで自己を失います。

人の価値は、比べる対象を必要としない絶対的なもので、別の対象と比較しても仕方ありません。本書ですでにふれたように、だれかと比べるから傲慢になり、うらやましがり、ねたましく思うのです。

前項「孤独を愉しむということ」（47ページ）でご紹介した『遺教経』に、「おごり」と「へつらい」についてあります。

人は、世間の恩恵の中に生きていますから、謙虚《けんきょ》でいることは当然のことです。その中で、おごり昂《たかぶ》りの心が起きたら、早くこれを滅していきなさい。

なぜなら、おごりの心は、教養を高め、人格を高めたりするなど、あらゆる向上心の手かせとなり、足かせになるからです。

へつらいの心もまた、向上心と相反するものです。その言葉は詐欺《さぎ》であり、動作はたぶらかしにすぎません。

くれぐれも、心を端正に、正直に。飾り気のない質実を旨《むね》としていきなさい。

私もまた、おごりとへつらいの青春時代を送ってきたので、それを教訓にして、徐々に他と比べることが少なくなり、心がおだやかになりつつあります。

比べることはやめたほうがいいと書いておきながら矛盾《むじゅん》しているようですが、私は過去の自分と現在の自分を比べることがあります。「あのころよりはましになった」「相変わらず、まだまだだな」と思うのです。そうすることで、自分の立ち位置がはっきりするからです。

過去の自分を否定しているわけではありません。過去の自分は、その時点で精いっぱいだったのですから、それでいいのです。軌道修正してからふり返り、過去の自分と現在の自分を比べる作業は、楽しいものです。

比べられることで嫌な思いをした経験がある人は、仕返しのような優越感に浸《ひた》ることがないよう、くれぐれもお気をつけください。

14 悪い心も捨てなくていい

すべて価値があるということ

どんなものにも、どんなことにも価値がある——なんて書くと、信仰がある人はそうなのだろうと思うかもしれませんが、そんなことを申しあげたいのではありません。

あなたのまわりを見まわしてみれば、とりあえず無駄なものはないでしょう。私の部屋は、物が散乱していますが、クリップ一つ、画鋲《がびょう》一つといえども、無駄なものはありません。

私の服から落ちた小さな繊維が集まったホコリ一つでも、私の服を形づくるのに必要なものでした。隣の畑から飛んできた土埃も、畑で野菜をつくるのに大切なものでした。いまの私には無駄なものですが、価値がないわけではありません。

近くのコンビニへ行ってみてください。いまのあなたに不要なものをたくさん売っています。しかし、それはあくまで「いまのあなたには」という、きわめて限定した場合。あなたには無駄でも、価値があるから陳列棚《ちんれつだな》に並んでいます。

同じように、どんな人でも生きていて無駄ということはありません。無価値な人はいないのです。だれでも、だれかの役にたっています。寝たきりでも、家族の絆《きずな》を強くするのに、あるいは将来のわが身を見る思いで「こうなる前に、いまのうちにやっておくことがある」と思わせる力を持っています。

こうした見方ができるようになると、うちひしがれて「自分なんていなくてもいい」と思わないでいられます。「あんなやつ、いなくなればいいのに」と思わなくてすみます。価値がないと思うのは、自分の了見《りょうけん》が狭いからで、もっと大きなものの見方ができるように練習していけばいいのです。

すべてのものに価値があるという見方は、もののあり方だけでなく、自分の心のあり方にも当てはまります。

仏教には「煩悩即菩提《ぼだい》」という言葉があります。悪い心を自覚して、それを改善すれば菩提（さとり）につながります。ですから悪い心は捨てなくていいと考えます。**自分はダメだと思う心が、ダイレクトにすてきな心へとつながる**からです。告げ口陰口大好きな人が「なんて自分は情けないのだ」と気づいて、以後そんなことをいわなくなることもあります。かつての私がそうでした。

たった二、三人がいったことを「みんないっているよ」と、多勢を頼みにしている自分の弱さに気づいて、以後は人を褒《ほ》めるとき以外「みんないっている」を使わなくなったのも私です。まさに「煩悩即菩提」だと思います。悪い心も、おだやかな心になるきっかけとしての価値があるのです。

『華厳経《けごんきょう》』の「浄行品《じょうぎょうぼん》」には、これを見たらこう思えという教えがたくさん書かれています。部屋にいるときは、自分の心はこの狭い部屋と違って、広々としていようと思え。アクセサリーを身につけるときは、偽《いつわ》りの飾りなどいらない心を持とうと思え。お寺や神社へ行ったら、心の汚《よご》れを取り去ろうと思え。川を見たら自分の心も海のように大きなところへ注《そそ》ぎますようにと思え。

こう思うと、**それまで「自分にとって」価値がなかったものに、価値がつきます**。すべてのものが、自分にとって価値あるものになります。

自分の心を耕《たがや》すために、すべてが自分にとって価値あるものになります。どんなものも、どんなことも、あなたにとってどんな価値があるか……。

その意味づけをするのは、あなた、です。

15

老も病も死も堂々とした道

人生のあり方ということ

近所の小学校の先生から、全校児童と保護者、教師を体育館に集めるから、そこで道徳の講演をしてほしいと頼まれたことがあります。大人相手の講演ばかりしている私は、小学生に道徳をどう説く？　と戸惑いつつも引きうけました。

話の最初に取りだしたのは赤ちゃん・病人・老人・骸骨《がいこつ》の絵。これを順番に見せてから「この絵の共通点はなーんだ？」と聞くと、たくさん手があがりました。

その中に一年生がいたので、指名すると大きな声で「人の一生！」と答えるではありませんか。会場の大人たちからは、「ぅおーっ」と声があがりました。このあいだまで幼稚園に通っていた子が答えたのですから、驚き、感心するのも当然です。

私は、言葉に詰まりました。四枚の絵は「ご都合どおりにならない代表＝生老病死《しょうろうびょうし》の四苦」の話をするために用意したものだったのに、予想外の答えが返ってきたからです。

自分のご都合で生まれた人はいません。どんな病気にいつなるかも、ご都合どおりにはなりません。年をとることも、死ぬこともご都合どおりになりません。**ご都合どお**

りにならないことをご都合どおりにしたいと思うから、苦が生まれます。これが仏教以前からのインドの考え方です。

講演では、そこから、自分のご都合を優先させるのは、まるで一本橋を両側から渡りはじめた人どうしが、「俺が通るからおまえはどけ！」と争うようなものだと展開したかったのです。

しかし、一年生が答えたように、生老病死はまさに人の一生です。人として生まれたら逃《のが》れられないステップです。私の思考は坊さん仕様になっていて、生老病死を人生そのものとは考えられなくなっていました。

どうにか講演を終えて寺に戻ってから、「生老病死は四苦ではなく、だれもが経験する人の一生と考えたほうがおもしろい」と一人つぶやきました。

これは、平成二十六年（二〇一四年）六月、私が五十五歳のときの出来事です。髪の生え際が後退し、顔の面積が増え、短い髪に白いものがまじり、正座すると膝関節が痛み、夜遅くまで起きていると翌日がつらくなっていました。否《いや》が応《おう》でも老いを自覚する年齢です。そして、来《きた》るべき病気や死を覚悟する時期でもあります。

人が生まれ、老い、病気になり、死んでいくのは、自然の摂理《せつり》です。どうしてそうなっているかわかりませんが、そうなっています。科学者ならそれなりの説明をしてくれるでしょうが、そうなっていることに変わりはありません。

生老病死は、人として生まれたら全員が通る堂々とした道なのです。何も恥《は》じる必要はなく、嫌がらなくてもよい、死にいたる当然の成長過程です。

あのときの一年生の答えのおかげで、私は老病死の人生を堂々と歩いていこうと思うようになりました。もちろん、老病死は相変わらず、私のご都合どおりにはなりません。しかし、それをご都合どおりにしようと思わなくなったのです。

生老病死は「自然の摂理」ですから、私のご都合を介在させる余地など、もともとないのです。

〔傲慢ということ〕（38ページ）でふれたように、生老病死を「人の一生として当たり前だ」と思えば、腹がたたなくなります。

私もあなたも、堂々とした自然の摂理にしたがって生まれ、老い、病気になり、死んでいきます。三十歳からの人生はスピードアップします。いまのうちから、「なんだかんだいっても、私は文句のつけようがない、老・病・死という堂々とした人生のあり方を歩いているのだ」と、徐々に思えるようになっておくといいですよ。

16 心のしわを増やさない生き方

老いということ

老人に生きがいを、ですって？　冗談《じょうだん》じゃありません。生きがいをなくした人を老人というのです。

動くことより理屈が多くなることを、老いぼれといいます。

子ども叱《しか》るな、来た道だ。年寄り嫌うな、行く道だ。

これらの言葉は、私がすぐに思いだせる老いについての三つの名言です。

私たちは生まれてから、否応なく年をとります。子どものころは、早く大人になりたいと思っていました。年齢が増えて喜んでいるのは何歳くらいまででしょう。私の場合は三十代半ばまで。それから十五年ほどは、体力的に水平飛行状態だったので年をとることに、なんの抵抗もありませんでした。

五十歳を過ぎてからは、増えていく年齢を手放しで喜んではいられなくなりました。

一年単位の体力の低下はいちじるしいものがあります。七十歳過ぎの方に聞くと「住職さん、一年単位なんてまだいいほうですよ。私なんか、一日単位でそれを感じるんですから」とおっしゃいます。

前項「人生のあり方ということ」（56ページ）でふれたように、老いは私たち全員に共通の、堂々たる自然の流れです。体力が充実していくのも、低下していくのも大自然の道理ですから仕方ありません。

仕方ないのですから、逆に積極的に肯定していけば、心おだやかに過ごせます。

ココ・シャネルは「二十歳の顔は自然の贈り物。五十歳の顔はあなたの功績」という言葉を残しました。ファッションデザイナーらしい言葉だと思います。

成長過程にある二十歳までは、肌のハリやツヤは自然の贈り物で、それから、どんな人生を過ごしてきたかが五十歳になって顔にあらわれるということです。

たしかに、いきいきと生きている人の顔は、年齢に関係なく魅力的です。それは59ページでご紹介した言葉にある「生きがい」と「行動力」に原因があるのかもしれません。心を老化させなければ、老いに怖気《おじけ》づくことなどありません。否、**かえって年齢を加えたからこそ、素晴らしい心ができあがります**。

体力の限界をとうに超えたスポーツ選手でも、勝負の仕方、精神力などで若い選手を凌駕《りょうが》する人はたくさんいます。コーチやトレーナーも、時間をかけて経験を積みかさねた人たちです。こういうときはどうしたらいいか、年齢を重ねたからわかった人たちです。

許せなかったことが、笑って許せるようになるのも老いの功績です。夜も眠れないほど悔しかった思い出を、笑顔で懐《なつ》かしく話せるようになるのも老いたるがゆえです。

こうすればこうなるとわかり、若い人にアドバイスできるのも老いの成果です。生きがいを持ち、行動に移せる人は、体は老いても心が老いることはありません。それが五十歳からの顔をつくっていきます。

逆に、日々生活に追われ、愚痴《ぐち》や理屈ばかりいい、人生の幸せの何たるかを考えずにその日その日を送っていれば、心のしわは増え、表情にも精気がなくなります。残念ですが、これもまた「自分の功績」です。

周囲の老人や老いぼれのいう「年はとりたくない」なんて言葉を、鵜呑《うの》みにしちゃいけません。

年齢を重ねる、老いのメリットは、たくさんあるのです。

17 仏教は予防医学!?

病気ということ

私は命にかかわる病気をしたことがありません。身の置きどころがないような持続する痛みにさいなまれた経験もありません。しかし、この健康状態がずっと続くとは思っていません。

久しぶりに顔を見せた檀家《だんか》さんが「入院していましてね」と話しはじめるのはよくあることですし、近所にある病院はどこも入院患者でいっぱいです。ですから、私が病気にならない保証はどこにもありません。いいかえれば、いつ病気になってもおかしくないと思っています。

医療の現場では、患者が病名を知ったときは、まず「まさか！　誤診《ごしん》じゃないの？」と病気を否定する気持ちが出るといわれています。次に、「どうして他の人ではなく、自分がこんな病気になったのだ？　あれが悪いのか、これが悪かったのか」と、病気の原因をさぐるそうです。

「どうしてこんな病気になってしまったのだろう」と悶々とする日が続きます。

やがて、自分の病気を受けいれて、どう治療するのかを考えるようになるといいます。人によってこの過程にかかる時間はそれぞれですが、なるべく早く自分がかかった病気を受けいれ、こういう病気になったのだとあきらめたほうが、先に進めるでしょう。

私は、病名を知らされて受けいれるまで、三日くらいかかるだろうと覚悟しています。しかし、問題はそこからです。病気のあいだ、どんな生き方をするかです。

その点で、私にはよいお手本がいてくれました。お世話になった話し方の先生です。ラジオのパーソナリティーとして、生放送の番組を長年担当されていたアナウンサーでした。私が住職をしているお寺で話し方を教えてもらっていました。

その先生があるとき、黄疸《おうだん》が出て検査入院することになりました。本人に自覚症状はなく、入院とはいえ、いたってお元気なところへお見舞いにうかがいました。談話室で私が最初にいわれたのは、「僕は医者と病人が嫌いなのに、ここにはそういう人が佃煮《つくだに》にできるくらいいるんだよ」という愉快な言葉でした。

その後、こう続けられました。

「その病人の目がね……」

「目がどうかしましたか」

「うん。自分のことしか考えていない目をしているんだ。僕はここにいるあいだ、他のことに関心を持てなくなった目を、たくさん観察しようと思うんだ」

話をするときは、相手にだけ関心を持てばいいと教えてくれた方らしい言葉でした。私は病気になりたいわけではありませんが、この言葉を聞いてから、自分が病気になったときを楽しみにしています。医師や看護師、患者仲間、お見舞いにきてくれた家族や友人にどれだけ関心を持てるだろうと楽しみにしているのです。

毎朝、洗面所で見る顔の中で横に並んでいる二つの自分の目。その目を見て「よし、大丈夫。キラキラしている」といえる自信は微塵《みじん》もありません。しかし、そのとき、「うわっ。私は自分のことしか考えてない目をしているではないか。まだまだだな」とニッコリ笑おうと思います。

仏教は、予防医学のようだと思います。**そうなってから考えるのではなく、そのうちにわが身に降りかかるものに対して、いまから心の準備をしておく**のです。

準備しないのと、準備しておくのとでは、いざというときの対応力がまるで違ってきます。

18 人生という学校の卒業式

死ということ

未体験なことへの準備は、病気にかぎらず、裏切りなど嫌なことに対しても役だちます。安定した生活を望みながらも、世の中は何が起こるかわからないと覚悟しておくだけでも、心の準備になります。

しかし、経験不可能なことがあります。それが死です。

お釈迦さまは「人は死んだらどうなるのですか」という弟子の質問に、「証明不可能なことは、考えてはいけない。そういうときは思考を停止して、不思議としておきなさい」と答えました。

お釈迦さまは「人は死んだら無《む》になる」とも答えていません。やがて、人々はおだやかな心を求めて、人は死んでも無にならないと考えるようになりました。

日本仏教の多くの宗派で亡くなった人を無ではないとして供養《くよう》するのは、来るべき自分の死に対する一つの安心の確保だけでなく、残された人たちが心安らかに暮らすために、重要な要素になっています。

口で「人は死んだら無だ」と豪語《ごうご》している人の中にも、お墓参りする人がいます。無になった人に手を合わせても意味はありませんから、亡き人がそこにいる想定をしているはずです。

夏になると亡き人がわが家へ帰ってくるお盆《ぼん》の行事も、死んでも終わりではないという前提があります。懐かしい人が帰ってきたので、みんなで輪になって踊ろうと盆踊りが行われます。

私の父は「死は乗換駅のようなものだ」といっていました。この世《よ》線でいろいろな景色を楽しんだあとは、あの世線に乗り換える。その乗換駅のことを「死」というだけだというのです。

両親ともすでにあの世へいってしまった私は、死んでから両親や懐かしい人に会って、自分がどんな生き方をしてきたか報告できるのを、楽しみにしています。

わが子を亡くした人は、「死ねばあの子と会える」と、自分の死を恐れません。

こうした考え方をあらためて反芻していたとき、別れと始まりはセットなのだと気づきました。

幼稚園の卒園は小学校の入学とセットです。小学校の卒業は中学の入学とセットです。最終学校の卒業は社会に船出するのとセット。独身との別れは結婚のスタートでもあります。伴侶《はんりょ》との死別は独り暮らしの始まりです。

別れはいつも、始まりが待っているのです。

その意味で、死は人生の卒業式といってもいいでしょう。では人生の卒業とセットで新しくスタートするものは何か。その答えが先にご紹介した、ロマンあふれるあの世のあり方です。

親しい人との別れは、つらく、悲しいことです。それは、学校の卒業式で体験してきたでしょう。しかし、旅立つ人は、その先に待っている新しい世界に胸おどらせます。

一方、残された人（学校でいえば在校生）には、まだその場でやるべきことがあります。

私は、死を人生という学校の卒業式だと思うようになりました。いまのところ私はまだ在校生です。やがて卒業生になることでしょう。

卒業したら、また新しい世界に飛びこんでいくのだと思うのです。

第3章 これがわかれば疲れない

19

私が私として生まれる確率は？

生まれるということ

私が私として生まれた希有《けう》の確率について、仏教では「盲亀浮木《もうきふぼく》」のたとえで説くことがよくあります。

あるところに、一辺が数キロメートルの巨大な四角い池がありました。この池に一匹の盲目の亀が住んでいて、百年に一度だけ呼吸するために水面に顔を出します。この池に、ちょうど亀の首が入るだけの穴があいている板が浮かんでいます。

板は巨大な池のあちこちを、あるときは何年も岸に漂着し、あるときは風に流され、あるいは池の魚たちがつつき、鳥が羽を休めたりして移動します。

盲目の亀が百年に一度、水面に首を出したとき、ちょうど漂《ただよ》っていた板の穴に首がすっぽり入る確率が、私が私として生まれる確率だと仏典は伝えています。

同様に、地球上にたくさんの生き物がいる中で、人間として生まれるのも、とてもむずかしいことだと仏教では考えます。

私たちの誕生は、私たちのご都合が入りこむ余地はなく、ご都合以前の命をいただいていることは〔人生のあり方ということ〕（56ページ）でお伝えしました。**私たちは自分で選んでいないのに、奇跡のような命をもらっている**のです。

そして、生まれることは、どう考えても前向きな現象なのは〔陽気ということ〕（33ページ）でふれました。前向きな現象として生まれてきたのだから、その流れのまま、少しのことではへこたれず、前向きに生きていきたいと思います。

私のお寺の本堂には「命の継承の事」と題された言葉が、拓本《たくほん》で飾ってあります。「三十代、十億七千三百七十四万千八百二十四の尊なり」と書いてあります。私たちには二人の親がいます。そして二人の親にもそれぞれ二人の親（祖父母）がいます。ですから、どんな人にも、おじいさんが二人、おばあさんが二人います。

この調子で十代さかのぼると、先祖の数は千人を超えます。一代を母親が子どもを生む年齢の三十歳と考えれば、十代前の三百年前（江戸時代）の時点で、千人の父母がいることになります。

自分の親から数えると、トータルで一千二十四人になります。そのうちだれ一人欠けても、現在の私はここにいません。

二十代、六百年前には先祖と呼ぶべき人は百万人を超え、三十代（九百年）前では、十億人を超えるというのが右の拓本のいおうとしていることです。九百年前に日本の人口が十億のはずがありませんから、私たちはみんな親戚ともいえます。どうぞ、お手元の電卓で2×2×2と三十回かけてみてください。

わかりやすくいえば、底辺が十億人の巨大ピラミッドの頂点にいるのが私であり、あなたです。2（父母）＋4（祖父母）＋8（曾祖父母）＋……と足していけば、親たちの合計数は、二十一億四千七百四十八万三千六百四十六！　このうち一人でも子孫を残さずに亡くなっていれば、あなたも私もこの世にいません。

こうした人の命の希有さ、驚愕《きょうがく》の事実について、私は学校で学んだ記憶がありません。「生まれたのだから、しっかり生きようよ」程度の認識で育ってしまったのです。「親が勝手に生んだ」と罰当《ばちあ》たりなことを考えたことさえありました。

「ありがたき、この命」としっかり納得して、せっかく生んでもらった命を大切にしたいと思います。

自分の命の尊《とうと》さがわからないと、他人の命の尊さもわかりません。

20

怒ってせいせいすることはない

怒りということ

怒っている人に「まあまあ、そんなに感情的にならないで」といったとき、隣の人に「そりゃ無理だよ。感情に流されているから怒っているんだ。冷静に怒るなんてできないさ」とたしなめられたことがあります。

いわれてみれば、怒っているときは冷静ではありません。

怒りは、自分のご都合どおりにならないことがあって、さらにそれを我慢できない状態です。ご都合どおりにならず、我慢できないことは、世の中にあふれています。それにいちいち怒りの反応をしていれば、心おだやかではいられません。

そこで、さとりを目指す仏教では、心おだやかな境地からもっとも遠い心のあり方の一つとして、怒りを戒《いまし》めます。

いまさらここで申しあげるまでもなく、あなたが怒ったときのことを思いだせば、怒りが自分の心をどれほどかき乱し、他人に害を及ぼすかわかるでしょう。

怒れば、相手に危害を加えたくなります。

人の面前に感情をコントロールできない自分をさらすことになります。

大切なことを忘れて、心が千々《ちぢ》に乱れて集中できなくなります。

躁《そう》状態なので、相手のことを考えられなくなります。

人の弱点をあげつらうことになります。

怒りの感情をそのまま野放しにすれば、恨《うら》みに変化することもあります。

そして、自己嫌悪《じこけんお》の原因にもなります。

「だから、あまり怒らないほうがいいですよ」と檀家《だんか》の方にお伝えしたときのことでした。

「でもね、私は怒りたくなくても、私のことを怒らせる人がいるから、怒るんですよ。私は我慢して、怒らせた人はそのままというのは、納得できません」とおっしゃいます。

「怒らせた人なんか、呆《あき》れてしまい相手にしない手もありますよ」というと、「だって、怒らないと相手がわからないんだから、仕方がないじゃないですか。それでも怒らないほうがいいんですか」と返されました。

「そうです。怒らないでわからせる、別な方法を考えたほうがいい。あなた自身の心がおだやかになるためには、怒らないほうがいいんです」

「そんなこと、できませんよ！」と、私がその人を怒らせてしまいました。

怒らずに相手にわかってもらう方法はたくさんあるでしょう。あなたもこれまで、これをしたら相手は怒るだろうと思うことは、なるべくしないで生きてきたでしょう。私もそうです。相手の逆鱗《げきりん》にふれるのを避けます。ですから、その逆をやるのです。

私の場合は、「私は心おだやかでいたいので、私の心を乱すようなことをしたり、いったりしないでください」と頼むことがあります。それだけでも、怒りを少しのあいだ抑《おさ》えられます。

仏教にも、明王《みょうおう》と呼ばれる怒りの形相《ぎょうそう》をした仏《ほとけ》たちはいます。やさしく導こうとしてもしたがわず、そのままにしておくと心おだやかでない状況に自分で自分を追いこんでいく人たちを、明王は怒りの形相で引きもどします。

形相は怒りに満ちていますが、内に大きなやさしさを秘めているという前提がありま す。

やさしさに裏打ちされていない怒りは、相手を脅《おど》し、自分のいうことを聞かせようとする姑息《こそく》な手段。そんな怒りを抱けば、心の底から気持ちが晴れる日がないと、心に刻《きざ》みましょう。

「怒ってせいせいした」ではなく、「しまった。怒っちゃった」と思うのです。

21

人は信じても裏切るもの？

信じるということ

本書に「信じる」項目を入れようと思ったのは、信頼していた人に裏切られて落胆以上に落ちこみ、ショックを受けた方々から、次々に相談されたからです。

「信じたから話したのに、裏切られた」「だれにもいわないだろうと思ったから話したのに、別の人にしゃべってしまった」——せっかく信頼関係ができたのに、いとも簡単にその信頼を裏切った相手への怒り。信頼すべき相手だと思いこんでいた自分への怒り。その両方が一気に襲ってくるのでしょう。

「お金と健康以外で、人生を生きていくのに頼りになるものは何ですか」という私の質問に、「信頼できる人」と答えた人は少なくありません。私も信頼はとても大切だと思います。

一人は心細いものです。悩みを相談できる人、弱ったときに頼りになる人、困ったときに助けてくれる人の存在ほど、心強いものはないでしょう。ですから、私たちはいつもそんな人がいてくれたらいいと望みます。否《いな》、望みすぎるのかもしれません。

そのために、実際には信頼にたる人ではないのに、信頼できると勝手に思い、あるいはやたらとそんな人を増やそうとするのかもしれません。

信頼関係は簡単にできるものではありません。多くの友だちの中で、親友と呼べるほど信頼関係が強い人が、数回会っただけでできるはずはなく、どんなに深い話をしても相手の心の隅々《すみずみ》までわかるわけではありません。そうなるためには、何年にもわたって、何百回も会って話し、共通の体験をしなければならないでしょう。

それにもかかわらず、信頼できる人がほしいという欲求が先行するあまり、本来信頼できない相手でも「この人は信頼できる」と思いこんで安心してしまいます。

信頼関係ができたのだから、長年つきあった人のようだと思うことになります。その点で「私たちって、つきあってまだ間もないけど、ソウルメイトなんです」なんてニコニコしている方に出会うと、とても心配になります。

裏切られてショックを受けた人の一つの特徴は「相手が簡単に裏切った」と思っていることです。本人は長年かかって構築した（と思っている）信頼関係なので、「簡単に」がショックなのです。

相手が「これをしたら裏切ることになる」とどれほど悩んだかなど、わかりようもありません。私などは徐々に裏切られるより、いっそ簡単に裏切ってくれたほうが、ずっとスッキリすると思います。

世の中は、さまざまな条件によって成りたっています。そして、その条件は刻一刻《こくいっこく》と変化します。それは空《くう》という世の中の大原則で、変えようがありません。それは人でも同じ。信頼していた相手の状況も変化していきます。**状況が変われば裏切られるのは、ごく当たり前**なのです。恋人との別れ、離婚、険悪な親子関係など、その具体例は枚挙《まいきょ》にいとまがありません。

それでも、相変わらず、生きていくのに信頼関係は、とても大切です。ですから、私はなるべく人を裏切らないようにしたいと思います。

「あなたを信頼しています」というお仕着せでなく、「(私はあなたを全面的に信頼しているわけではありませんが)私のことは信頼していいですよ」といえる人になりたいと思うのです。

切なく悲しいことですが、人は信じても裏切ると覚悟した上で、人を信じていきましょう。

22 やる勇気、やらない勇気、そのままにしておく勇気

勇気ということ

新しいものに立ち向かう勇気。新しい生活、新しい仕事、新しい一年、生まれてはじめて迎える年齢、新しい自分……。新しいものは、いろいろです。

新しいものに突入する直前に、これからわが身に降りかかってくることを恐れない心、降りかかってくるものに対応してやろうと覚悟するのが勇気。くぐったことのない門を目の前にして、心構えをする気持ちともいえるでしょう。

人は何歳になっても、新しいことにチャレンジしなければなりません。それが人生です。安定して変化のない生活などあり得ません。経済も、健康も、心の状態もその人の生きている間ずっと安定していることはあり得ません。だから、新しい局面に対して立ち向かう「勇気」について意識しておくことは、とても大切です。

あなたも私も、これからさまざまなことに出会います。そのときの対処法は大きく分けて三つ。

1 やらない。
2 放っておいて、そのままにしておく。
3 やる。

1の「やらない」については、〔「ここまで」ということ〕（82ページ）でふれますが、新しい局面に出会ったとき、どうしようと迷い「やはりやめておこう」と決めるには勇気が必要です。

周囲の人は、どうしてやらないの？　やるだけやったら？　試すだけ試してみればいいのにと、あなたを惑《まど》わします。

そこで、自分はやらないと決める勇気は、とても大切だと思います。「えー。でも、できそうもないからやめておいたほうが無難だし」とどっちつかずのあきらめではありません。いまはやらないと決める勇気は称賛に値します。

2の「そのままにしておく」も、大切。立ち向かうべき物事の状況も判断できないし、自分の心も揺れ動いているなら、勇気を持って「放っておいて、そのままにしておく」ことはOKです。

せっかちな人は「やるのか、やらないのか、ハッキリしなさい」といいますが、その程度の恫喝《どうかつ》で右往左往《うおうさおう》してはいけません。「いまのままでは、やるべきことも、自分の心も定めがたいので、そのままにしておきます」と断言する勇気も大切なのです。

仏教では「**わからないことを、そのままわからないとしておく勇気**」を大切にします。わからないことがあると「なぜだろう」と理由を求めたくなるのが人間ですが、現実に対処するのを忘れて、理由ばかり求めても仕方ありません。

現実に対処する方法の一つに、勇気を出して「わからないので、そのままにしておきます」もあるのです。

3の「やる」については、〈不動ということ〉（12ページ）で書きました。目指す目標達成のためにこれはやる！　と決める勇気を持つことです。決めたら、心配せず、やることをやってから心配する勇気を持っていれば大丈夫です。

やると決めて取りかかっても、できるかどうかはわかりません。しかし、できないことをするのを練習といいます。できることをいくらやっても、ある意味で「遊び」であり、チャレンジとはいえません。

こうした勇気は、生まれながらにだれでも持っているというのが仏教の考えです。しばらく勇気なんて出したことがない人も、ホコリをかぶった勇気を引っぱりだしてみましょう。ホコリを払えば、まだまだ新品の勇気ですよ。

23

途中棄権という選択

「ここまで」ということ

物事はいったん始めたら、途中で投げだしてはいけない、最後までやり通せ——子どものころからそう教えられた人は、何かをやめることに、罪悪感《ざいあくかん》を抱くようになります。自分は中途半端でだらしなく、根性がないと自分を責めるのです。意地っぱりといわれた私がそうでした。人からいわれようが、自らすすんでであろうが、始めたことは周囲や自分が納得するところまでやるべきだと思っていました。

たしかに、社会的には最後までやり通すことが、その人の好評価につながります。とくに責任ある立場の人が途中で投げださず、やり遂げるのはとても大切です。

育児放棄する親が世間から非難されるのは、扶養《ふよう》義務のある親がその責任を果たしていないからです。あなたも人生の中で、責任のある人が自分の都合で辞《や》めて、現場が大混乱になったのを見聞きしたことがあるでしょう。辞めた人は、残った人から無責任だ、身勝手だといわれます。

私は大学卒業後、高校の英語教員として就職しました。生徒のことを考える先生になろうと期待に胸はずませていました。ところが、担任したクラスにはヤンチャな生徒が多く、新米教師の私にはとても歯がたちませんでした。一学期で十三人を退学させることになり、体重も十キロ減りました。

こちらが親身になっているのにその手応えがないことで人間不信になり、せっかく入学したのに力不足の私のせいで退学した生徒を思い、教師失格どころか、「人間失格」の烙印《らくいん》を自分に押すことになったのです。

二学期に入りクラスは落ちつきましたが、幸か不幸か父の体調が悪く、父が住職《じゅうしょく》をしている寺を手伝ったほうがよい状況になりました。これは私にとって渡りに舟。十二月初旬に「三月末日をもって職を辞させていただきます」と辞表を提出しました。

私にしてみれば、一年も我慢できなかったという情けなさでいっぱい、人間失格の烙印がより鮮明に心に残ることになりました。しかし、我慢して続けていたら心身症になっていたのではないかと思うほど、過酷《かこく》な日々だったのも事実です。あのときは仕方なかったと思います。

私にこうした経験があるので、自分で始めたことをやり遂げられなくても仕方ないことがあるのを知っています。「無理はしてみろ、無茶するな」は私の大好きな言葉の一つですが、無理が過ぎれば無茶になります。「ここまで」と割りきって、棄権し、放棄するのは勇気のいることですが、とても大切だと思うのです。

鬱病《うつびょう》になる人はまじめな人に多いそうです。やりはじめたら最後までやらなくてはいけないと思うまじめな人は、「ここまで」とあきらめ、その場を去る勇気をしっかり持ったほうがいいと思うのです。

その勇気を持てば、やりはじめたことを続けて受ける精神的なダメージを小さくできます。ダメージを小さくしておいて、その経験を残りの人生に活《い》かしたほうが、ずっといいでしょう。そう思って私はいま、坊主《ぼうず》をやっています。

お釈迦《しゃか》さまは二十九歳のとき、生老病死《しょうろうびょうし》の苦について解決しないと自己崩壊する危機に遭遇しました。そこで、女房子どもを捨て、王子の立場も捨てて出家《しゅっけ》してしまいます。いわば社会的責任を「ここまで」と放棄して、残りの人生を過ごしたのです。

途中棄権した人を堪《こら》え性《しょう》がない、無責任だ、中途半端だと非難する人は、こちらが心身症になっても何もしてくれません。「ここまで」と身を引くか否かは自分の判断です。

このまま行けば悪い方向に行きそうだと思ったら、勇気を出して、「ここまで！これ以上は無理！」と自分に宣言しましょう。

24 人生を豊かに生きている人が持っているもの

智恵ということ

年にいくつかの小学校にうかがいます。どの小学校にも「目指す児童像」があって、その言葉が校長室や教室に飾られています。その中に必ずといっていいほど入っているのが「自分で考える子」に類するもの。坊主の立場で「深い言葉だな」と思いながらいつも見上げています。考えることは、仏教でいえば智恵だからです。

小学校にかぎらず学校で教えてくれる多くは智恵ではなく、知識です。

国語では漢字の読み方、たとえば銀杏をぎんなん、桔梗はききょう、焼酎はしょうちゅうと読むことを習います（書けなくてもたいした問題ではありません）。

数学では円の面積は2πｒだと教えてくれます（πと聞いて円周率ではなく、オッパイを連想した男の子はたくさんいます）。

社会では、どこの県がどこにあるかを学びます（海に面していない県が八つあることはクイズ番組くらいでしか教えてくれません）。

理科ではクジラやイルカが哺乳類《ほにゅうるい》で、すべての物質は原子が集まってできていることを知ります（空気は圧縮できるが、水は圧縮できないと習ったはずなのですが、私はまったくおぼえていません）。

こうした知識を利用する力が知恵です。

買い物をしたおかげで財布の中身がピンチになる。食べたくて食べたら太った。余計なことをいったおかげで四面楚歌《しめんそか》になるなど、周囲からバカだなぁとか、バカじゃないのといわれるレベルは知恵がはたらいていない状態です。いいかえれば、日常生活で後先を考える力が知恵です。

仏教では、日常生活から一歩踏みこんだ人生の根幹に関わるような物事のあり方を見抜く力や、心おだやかに生きるための力のことを、日常生活レベルの知恵と区別して、智恵と書きます。

その意味で、本書で取りあげている項目はすべて智恵といってもいいでしょう。

それは、心を不動にしないと動きだせないと気づく力です。

すべてのものは膨大《ぼうだい》な条件の集合体だと見抜く力です。

マイナス感情がわいたときに、これは自分のご都合のせいではないかと疑う力です。

老いは悪いことではないと知る力です。

世界は素晴らしいと感じる力です。

仏教では、こうした智恵のことを漢語でなく、もともとの古代インドの言葉「パンニャ（般若）」であらわすことがあります。「ちえ」では知恵か智恵かわからないので、より明確にするためです。

ですから『般若心経《はんにゃしんぎょう》』は、智恵を説くお経《きょう》。仏教には『般若心経』だけでなく、『○○般若経』と名づけられた経典がたくさんあります。それほど、心をおだやかにするために般若の智恵が必要だと考えられてきたのです。

学校で学んだ知識よりも、生活をする上で発揮する知恵よりも、般若の智恵で物事を見て、感じて、考えることが、人生をよりよく生きる上で大切なことだとつくづく思います。

人生を楽しく生きている人は「知識」が豊富です。人生を上手に生きている人は「知恵」を使います。人生を豊かに生きている人は「智恵」を具《そな》えています。

だれでも磨《みが》けば光る智恵の珠《たま》を心の中に持っています。せっせと磨いていきましょう。

25

問題の出口へと導いてくれる誘導灯

迷うということ

決めないといけないのに、迷って決められないことが人生には何度もあります。

今日はどの靴下をはこうか、お昼は何を食べようかなどの些細《ささい》なことから、どの学校に行こうか、好きな人に告白しようか、どうやって別れ話を切りだそうかなど、青春時代特有の悩みもあります。

さらに、臓器移植のドナーになるか、延命治療を望むかといった命の尊厳についてなど、私たちが迷うことは多岐《たき》にわたります。

こんなとき、私たちは「迷っている」のか「考えている」のかをあまり意識しません。しかし、迷うと考えるは違います。

迷うのは、どうすれば出口にたどりつけるかを考えずに、堂々巡《どうどうめぐ》りしている状態です。「Aにしようかなぁ。でも、Bも捨てがたいしなぁ。でもBを選べば、後悔するかもしれないしなぁ。ああ、いっそBなんて選択肢がなければ、Aで決められるのに、なまじBなんかあるからいけないんだよなぁ。それにしてもAはいいよなぁ」という状態です。

これに対して、考えるというのは、思考を積みかさねて出口へ導く過程のことで、回り道をすることはあっても、確実に出口に近づけます。

「Aにするかな。でも、Bにも別のよさがある。Aを選んでもBを選んでも後悔するかもしれない。つまり、後悔する点ではどちらを選んでも同じだ。それなら、とりあえず、いま自分にとって必要な要素を持っているAにしたほうがいいだろう。Bも後で必要になるかもしれないが、それはそのときになったら考えよう。ということで、いまはAで決まり！」

仏教でいう迷いの状態は、正しいことがわからずに右往左往している状態です。人と比べなくてもいい自分なのに、つい比べて優越感に浸《ひた》り、あるいは劣等感にさいなまれるのは迷いの中にいるのだとします。

財産の有無《うむ》で人の価値など決まらないのに、お金持ちに近づき、貧乏な人からは遠ざかろうとするのを、迷いの海に漂っていると考えます。

自分のために厳しいことをいってくれるいい友だちには従わず、薄っぺらな快楽をともにするだけの、友だちとも呼べない愚《おろ》かな人のそばにいたがるのを、迷いの雲に覆《おお》われているといいます。

迷っているあいだは、心おだやかではいられません。そこで、こうした迷いから抜けでようとするのが、仏教の目標です。そのために、仏教では二千五百年にわたって思考を続けてきました。本書も、その出口へ向かうために重ねられてきた考え方の一部です。

日常の些細な問題から、人生の大問題にいたるまで、どうしようかと迷ったとき、「自分は迷っているのか、考えているのか」を自問してみてください。それだけで、あなたの心の中に誘導灯が点灯し、出口へと導いてくれます。

迷いがらみで、もう一つ。相手を迷い惑わすと書く「迷惑」についてです。

人に迷惑をかけるのを必要以上に気にする人がいます。身近なところでは、自分の子どもに迷惑をかけたくないという親がたくさんいます。親にさんざん迷惑をかけておきながら、親の面倒を見るのは迷惑だと本気で思う子どもがいたら、それは育て方が悪いのです。

迷惑は、こちらが判断するものでなく、相手が判断することです。こちらが迷惑だろうと思っても、相手はそんなふうに思っていないことがたくさんあるのです。

相手に迷惑ではないかと気にする迷惑過敏症の人は、このことを知っておかれたほうがいいです。

迷惑かどうかは、相手が判断する問題ですよ。

26

絶対に失念してはいけないこと

忘れないということ

この項でお伝えしたいのは、傘《かさ》を置き忘れた、携帯の充電器を持ってくるのを忘れたという、忘れてもどうにかなることではありません。それは、ただのあわてんぼうです。いわんや、昔のつらい思い出を忘れられない、恨みを忘れないなんてことでもありません。そんなことを根に持っていれば、人生はねじ曲がっていきます。こうした積年の負《ふ》の心的遺産を解消する方法は〔時間ということ〕（149ページ）でお伝えします。

この項でお伝えしたいのは、自分は何のために、いまこうしているのかを忘れない。当初の目的を忘れないということです。

人生で忘れないことが大きな意味を持つことがあります。仏教では煩悩《ぼんのう》の一つとして「失念《しつねん》」があります。さとりを目指そうとする、肝心な心を忘れてしまえば、何のために出家したのかわからなくなるからです。

お釈迦さまは弟子たちに「ことあるごとに、自分の坊主頭にさわってごらんなさい」と説きました。自分がどうして坊主頭をしているのか忘れてはならないと説いたのです。

世間のしがらみから離れて、自由な境地を得て、心おだやかに生きるために、世間の象徴である髪の毛を剃《そ》って出家したのでしょう、それを忘れないために、いつも頭をなでていなさいと戒めました。

私たちがやっていることは、どれもこれも幸せになるためでしょう。不幸になりたいと捨て鉢な言動をする人もいますが、それは幸せになりたいのになれないためで、だれだって幸せになれるならなりたいでしょう。

仕事も、独身生活も、結婚生活も、ボランティアも、食べることも、寝ることも、すべて自分が幸せになりたいという大きな目標のためにあります。

自分の幸せなどどうでもいい、他人を幸せにしたいと、壮大《そうだい》な目標を持っている人もいます。その場合も、他人が幸せでないと自分が幸せでないという意味で、自分の幸せを願っています。

ところが、その目標を忘れてしまうことが多いのです。

上司から「おまえは何のためにこの仕事をしているのだ」と叱《しか》られるのはいうに及ばず、毎日を無為《むい》に過ごしてしまい、「ああ、今日は何にもおもしろいことがなかった」とため息まじりに布団にもぐりこみます。

追われるように仕事をしてクタクタになり、休みの日は体力を回復するのに使います。

充実した気持ちは、遠い昔の幻《まぼろし》のように思うこともあります。

こんな生活は何かおかしいぞ、何か変だという思いが一瞬脳裏《のうり》をよぎりますが、それをたぐりよせて再検討する気力も失《う》せています。

〈我慢ということ〉（15ページ）でふれましたが、我慢するには目標が必要です。その肝心の目標を忘れてしまっては、我慢もできません。

人生は、我慢の連続です。そのためには、幸せになるという目標が必要でしょう。そして、その目標をいつも忘れないこと、失念しないことがとても大切なのです。

愚痴《ぐち》をいいたくなったら、鏡を見て「あなたの目標は何だった？　目標を忘れて過ごしていない？」と自分に問いかけてみてください。

鏡の中のあなたは、「そういえば、私の目標は……」と、きっと答えてくれます。

27

侮辱されたときの対処法

はずかしめに耐えるということ

私は人前で侮辱《ぶじょく》されて身の置きどころがなく、膝《ひざ》の上で拳《こぶし》をきつく握りしめ我慢した経験が何度かあります。もちろん、屈辱《くつじょく》にたえきれずに捨てゼリフを残し、その場を立ち去ったこともあります。どちらも三十代のときでした。

そんな嫌な思いをすると、そのあと三ヵ月ほどは、ことあるごとにやり場のない悔《くや》しさを思いだし、夜中に目をさますと寝られずに、寝返りをうちながら朝を迎えたものでした。

自分がはずかしめを受け、バカにされるだけでも、心がひどく乱れるのですから、親や子どもが侮辱されれば、ますます心おだやかでいられなくなるでしょう。

その心の乱れは、やがて相手に対する怒りや恨みへと変わり、絶対許さない、この恨みはいつかはらすと復讐《ふくしゅう》の鬼と化し、冷たい心の炎を燃やしつづけることもあるでしょう。

周囲から見れば、おぞましい心のあり方ですが、復讐のためだけに生きる覚悟をする人さえいます。怨霊《おんりょう》が衣服をまとっているようなものです。

講談のセリフには、公衆の面前で恥《はじ》をかかされ、侮辱された人が吐く言葉があります。「よくおぼえておけよ。いいか。月夜の晩ばかりじゃねぇぞ」は、月明かりがない暗い夜に、闇討《やみう》ちにして復讐を果たしてやるという怖い意味。

「いいか、よく聞け。大川に蓋《ふた》はねぇぞ」は、隅田川《すみだがわ》に蓋はないので、川へ突き落としてやるという脅し文句。

ですから、人前で罵倒《ばとう》したり、侮辱したりしてはいけないのです。恨みを買うことになります。

一方、はずかしめを受けた人に対して、仏教では耐え忍びなさいと説きます。仏教語では「忍辱《にんにく》」といいます。

なぜ耐え忍べるかといえば、**自分にやましいところがなければ、何といわれようと問題にしなくていい**からです。「何も事情を知らないで、いい気なものだ」と放っておけばいいのです。

ときどき「私は人から何といわれようとかまいません」とおっしゃる方がいます。本当にそう思っている人は、そんなことを口に出したりしないでしょう。

自分に自信がある人は、何をいわれようと、「まったく、おっしゃる通りです」とさらりと受け流します。

「何といわれようと、別にいいですよ」と強がって他人にいう人は、本当はそう思っていないことが多いものです。

自分にやましいところがないと同様に、自分はやるだけのことはやっている、正しいことをしている自信がある人も、はずかしめを受けたとき、我慢していられます。

仏教で忍辱を説くのは、心おだやかな境地にあこがれて、毎日を精いっぱい生きているのだから、たとえだれかから悪くいわれても、気にしなくていいと伝えたいのです。

売り言葉に買い言葉で、躍起《やっき》になって相手を懲《こ》らしめてやろうとか、おとしめてやろうなんて考えてはダメです。そんな考え方をすれば、相手と同じ土俵《どひょう》に立つことになります。あなたの心は乱れ、おだやかな境地から遠ざかるばかり。

屈辱を耐え忍んで、冷静さを取りもどし、いつまでも侮辱しつづけている心の小さな人はその場に置き去りにして、自分が正しいと思った道をせっせと進むほうがいいのです。

28

「お変わりなく」ではなく「いいようにお変わりで」

変化ということ

「諸行無常《しょぎょうむじょう》」は、仏教で説かれる有名な言葉です。どこかで聞いたことがあるでしょう。「行」は、この場合、「現象」の意味で、私たちを含めたすべてのこと。すべての物事は常でなく変化するというのです。これが無常です。

なぜ変化してしまうかといえば、縁《えん》が次々に加わるからです。

小麦粉に、砂糖と卵を加えると、スポンジケーキの生地ができます。それに熱という縁を加えてスポンジケーキができます。そこに生クリームとイチゴの縁を加えるとショートケーキになります。それに一口食べる縁が加わると、ケーキの形が変わります。さらに食べる縁が加わって、お皿だけになります。

だから、ショートケーキは単体として、そこに存在しつづけることはない――これを「ショートケーキは空なる存在である」といいます。「ショートケーキは無常である」といっても同じことです。

仏教では、ショートケーキだけでなく、すべての現象は変化していくのだとします。

あなたの体も常に変化しつづけ、心も変化していきます。ですから、私は久しぶりに会った人に「お変わりなく……」ではなく、「久しぶりですね。いいようにお変わりで、何よりです」と挨拶《あいさつ》します。

相手は年をとったことを皮肉られたと思うのでしょう。むっとしますが、私は年をとるのは悪いことだと思わないので、厭味《いやみ》のつもりは毛頭ありません。

どんなに安定していると思うことでも、無常、つまり変化するという大原則から逃《のが》れることはできません。

揺るぎない大地と思っていても、地震や津波で変化します。大陸も少しずつ移動するのはご存じの通りです。その中で、私たちはなんとか安定した状態を願います。

政治家は、経済の安定、生活の安定を公約にかかげます。安定のために次々に臨機《りんき》応変《おうへん》に政策を変化させます。変わっていく世の中で安定を維持するには、そうした努力が必要です。しかし、経済や生活の安定が同じ状態で、永遠に続くことはあり得ません。

変わらぬ愛、永久《とわ》の愛を誓った夫婦や恋人も、どんどん変化していきます。愛の形も変化するでしょうし、変わらぬ愛を貫《つらぬ》こうとすれば、その場その場に適応した双方の努力が欠かせません。

宗教の世界では、すべては変化してしまう中で、変わることがない神や仏を想定します。「変わらないものがあったらいいよね」という切なる願いが底辺にあるのかもしれません。

しかし、私たちの日常は、めまぐるしく変化していきます。だれが何といおうと、何をしようと、そうなっているのですから、仕方がありません。

だとすれば、変化を恐れずに、逆に変化を楽しむ心を持ったほうがいいのです。幸いなことに、日本は変化に富んだ自然に恵まれています。四季の変化を楽しむ心を、日本人は伝統的に持っています。山、平野、川、海など変化に富んだ地形のおかげで、旅先を選ぶのに困りません。

そうした変化を楽しむ心を、自分に向ける勇気を持ってください。できなかったことができるようになる、できていたことができなくなる。落ちこんでいた自分が立ちなおる、で、また落ちこむ……。すべては変化です。

そんな変化を、すべて楽しんでしまうのです。

第4章 これがわかれば

気にならない

29

つい短絡的になりそうなとき

不生不滅ということ

『般若心経《はんにゃしんぎょう》』の一節に「（物事は）生じたり、滅《めっ》したりしない」という意味の「不生不《ふしょうふ》滅《めつ》」があります。この事実も学校では教えてくれないので、私たちは現象面だけを見て「生じた」「滅した」と一喜《いっき》一憂《いちゆう》してしまいます。

私たちが生まれる現象は、前向きなことだと何度も書きましたが、私たちの誕生さえ、「生じたわけではない」というのが、仏教の考え方です。

人間は「おぎゃー」と生まれる前に、母親のお腹の中で四十週を過ごしています。その前は、精子と卵子でした。

精子と卵子が受精して受精卵ができるところから生命がはじまりますが、元をたどれば、父親と母親が食べ物を食べて、それを栄養にして、さらに男性と女性が健康であるという条件も組みこまれます。

このように考えると、いつ命として「生じた」のかわからなくなります。

地面に生える雑草一本にしても、種、土壌、季節などの縁《えん》がそろったから生《は》えます。

生えるための多くの縁が熟した結果として生えるので、何もないところにいきなり草が生えたと思わずに、生えるための縁をいくつか想像してみるのです。

そうすると、「生まれる」とか「生じる」という言葉には、「縁が熟して、その存在を確かめることができる状態になる」という、きわめて限定的な意味しかないことに気づきます。

赤ちゃんが生まれるのはおめでたいことですが、その裏側の膨大《ぼうだい》な縁に思いをはせることで、誕生の喜びがより深くなります。

逆に、「あのとき、嫉妬《しっと》の心が芽ばえた」「あのとき、恨《うら》みの感情が生じた」という場合にも、「いきなり生じたわけではない」と気づくことが大事です。

嫉妬や恨みの心が生じるには、たくさんの縁があります。相手の言動もその一つですが、それまでの自分の心のあり方も大きな要因の一つだからです。

嫉妬や恨みの感情が生じるまでに、すでに自分の心に何かが熟成されてきたのです。嫉妬を抱くまで、独占欲を野放しにしていたかもしれません。恨みの心に火をつける「自分のご都合最優先」をほったらかしにしていたのかもしれません。

同様に「滅する」ことも、現象だけ見て悲しんだり、喜んだりしないほうが、人生はずっと豊かになります。

「死ということ」（65ページ）で書いたように、滅することは次のステップとセット。お気に入りのカップを落として割ってしまったとき、私は「縁がそろってカップの形をしていたけれど、落とすという縁が加わって、（滅したのではなく）バラバラの状態に変化した」と思います。そして、「これで、新しいのが買える」と思います。

さまざまな経験をしたおかげで悪い考え方をしなくなった、悪い考え方を滅したと思っても、それは滅したわけではありません。**悪い考え方が形を変えてニュートラルな考え方に、あるいは善良な考え方に変化**したのです。

「変化ということ」（97ページ）のショートケーキの例なら、食べてしまえばショートケーキは滅したと考えますが、それは、あなたのお腹の中へ移動したということです。ショートケーキは栄養に変化して、生きる体を動かすエネルギーとして生きつづけます。

「不生不滅」はおぼえておいたほうがいい考え方です。短絡的《たんらくてき》な人生を過ごさずにすみます。

30 きれいも汚いもない

不垢不浄ということ

『般若心経』の中で「六不《ろくふ》の譬《たと》え」といわれる部分があります。不生・不滅・不垢《ふく》・不浄《ふじょう》・不増《ふぞう》・不減《ふげん》です。

私たちは相反する概念の「生と滅」「垢と浄」「増と減」が、それぞれあると思っています。しかし、そんなものはない、というのが『般若心経』で説く「空《くう》」の立場。

「そんなことといっても、汚《きたな》いとかきれいは厳然として身のまわりにあるではないか」と思われるでしょう。

たしかに、汚い部屋を掃除すればきれいな部屋になります。しかし、それはどんな状態を汚い部屋と呼ぶかによって異なります。

物が散らかっている部屋を汚いと呼ぶ人もいます。その意味で、私の部屋は汚い部屋ですが、どこに何があるか、私は全部知っています。

だれかに片づけられてきれいにされてしまったら、とても困ります。私にとって、散らかっている部屋は居心地がいいのです。きれいとか汚いという問題ではないのです。

他の人が汚いと思っているものでも、それをきれいと思う人もいるのです。日本人から見れば泥色のガンジス川は、インドの人たちには神の山ヒマラヤから流れでた聖なる川です。

胃腸をこわした人が元気になれば、「やっときれいなウンチが出た」と喜びます。

このように、汚いとかきれいという概念は、人により、状況により、時代により、場所によって変化します。ですから、人類共通の絶対的な汚さも浄《きよ》らかさもありません。

自分が汚いと思うものは他の人も汚いと思うはずだ、自分がきれいだと思っているものはだれが見てもきれいに見えるはずだと思いこめば、「うっそー。信じられなーい」を連発することになり、心おだやかではいられません。

私は、スーパーで新発売のジュースがつがれた試飲用の紙コップと、病院で使われている検尿用の紙コップが同じものに見えて仕方ありません。そんなときに、汚いもきれいもない「不垢不浄」の言葉を思いだして、ガチガチに固まった自分の思いこみを反省します。

蓼《たで》は食べるととても辛《から》い植物ですが、それを好んで食べる虫もいます。そのように、人の好みもそれぞれ異なります。それがわからずに、自分の価値が正しいと思って苦しむ人のために「蓼食う虫も好き好き」のことわざがあるのではないかと、私は思うのです。

『般若心経』の不生不滅、不垢不浄、不増不減は相反する概念の一例です。

好きな人に「あんたなんか大嫌い」と甘える人がいますから、相反する好きと嫌いの境界はじつにあいまいです。

同じ一時間なのに、つまらない時間を過ごした人は「まだ一時間しかたっていない」といい、楽しい時間を過ごした人は「もう一時間たったのか」といいます。

ほかにも、広いと狭い、大きいと小さい、多いと少ないなど、両極の価値観の一方にとらわれていると、知らないうちに自分をがんじがらめにしていることがあります。

相反する概念のあいだに、きっちりした線引きはしなくていいのです。融通無碍《ゆうずうむげ》な心でものごとを見られるようになると、「**なんだ、世の中のほとんどは、これもよし、あれもよし**」と思えるようになります。

31

小さなことが気にならなくなる

不増不減ということ

『般若心経』では「生じることもないし、滅することもない」のあとに前項の「不垢不浄」、次に「増えることもないし、減ることもない」という「不増不減」の一節が出てきます。

私たちの日常生活で増えたり、減ったりする代表格のお金と体重を例にして、仏教ではどのように増減がないと考えるのかお伝えしましょう。これを知っておけば、増えた、減ったと、いちいち気にしなくてもすむようになれます。

通帳を見て「ああ給料が入って、残高が増えた」と喜び、財布の中を見て「げっ！残金がこんなに減ってしまった」と嘆いていませんか。

お金は使えば減ります。しかし、盗まれでもしないかぎり、減った額と同等の何かを得ています。

百円ショップで調子にのってたくさん買い物をすれば、財布が軽くなった分、持ちきれないほどの品物を手にしているはずです。

レストランで食事をすれば、お金は減りますが、その分のおいしい食事を食べています。

品物や食べ物だけではありません。テーマパークでは入場料でお金を減らした分、サービスを受けることになります。

つまり、お金を使うというのは、お金と物やサービスを等価交換しているだけで、プラスマイナスはゼロです。

お金が増えるのも同じこと。働いた対価です。

それなのに、お金の増減だけを見るので、**プラスマイナスゼロという本質が隠れてしまう**のです。プラスマイナスゼロだとわかれば、安心できるようになります。

体重についても同じ考え方をすると、大きな気持ちになれます。

食べれば、体重が増えるのは当然です。ここではカロリーについては考えないことにしますが、食べ物が胃へ移動したので、その分体重が増えます。一キロのお肉を食べれば、一キロ太りますが、食べ物と自分の体重の合計に、増減はありません。

「不生不滅ということ」（102ページ）で書いたように、食べ物は栄養になり私たちの命を支え、エネルギーに変換されて私たちは動くことができます。食べたものが、体を維持するエネルギーに等価交換されているのです。

体重が減るのは、食べたエネルギーより動くエネルギーのほうが大きいから。体内に蓄えてあった養分が、運動に必要なエネルギーとして取りだされていきます（不思議な命の営《いとな》みですね）。

財布の中身ばかり気にし、体重計の目盛りばかり気にしていると、「トータルで増減はなく、プラスマイナスゼロになっている」という事実が見えにくくなります。

表面的に見れば増えたり、減ったりしていることはあるでしょう。しかし、より大きく、長い時間でとらえれば、増えも減りもしていません。まさに「不増不減」です。

私は気候変動のニュースが流れるたびに、地球上で砂漠化する地域があっても、温暖化で海水面が上昇しても、どれだけ雨が降っても、それで地球はバランスをとろうとしているのだと思います。そう思うと、小さなことが気にならなくなります。

「不増不減」を、いろいろなことに当てはめて考えてみてください。少々のことでは動じない生き方ができるようになります。

32 復興の道のりは「復幸」

方便ということ

ある目的に向かって進んでいくことがあります。

私の場合なら、心おだやかな境地になることが目的です。二十四時間そんなことを考えているわけではありませんが、何かあって心がおだやかでなくなると「こんなとき、心がおだやかになるためには何をどう考えて、どうしたらいいだろう」と考えるクセはついてきました。目的を思いだして、それを達成するために具体的な方法を考えるのです。

小学校のＰＴＡでバザーをしたときのこと、役員たちは、だれが何を売るのか、テントはどうやって調達するのか、雨の場合はどうするかなど、バザー当日の段取りで連日会議を重ねていました。

あるとき、別の学校でＰＴＡをしていたお坊さんがいいことをいってくれました。

「バザーの目的は子どもと親と教師、そして地域の和をつくるため、そして周年行事のお金を積み立てるためです。バザーはそのための手段です。手段であるバザーを成功させることばかり考えずに、もっと上の目的を意識して準備しないとマズイですよ」

彼は、こんなこともいってくれました。

「テストは自分が勉強したことを、どこまで理解したかハッキリさせるのが目的です。いい点を取ることが目的ではありません。悪い点でもいいのです。『ここまではわかった。できなかったところがはっきりしたから、あとはそこをもう一度勉強すればいいのか』とわかることです。テストの目的はそういうことです」

新米父さんの私にとって、目から鱗《うろこ》のアドバイスでした。

手段にばかり気をとられて、肝心の目的を忘れてしまうことはよくあります。

「お金を得ることは、目的にはなりません」と申しあげて、「どうして？　お金は一番大切でしょう」と思う方は、気をつけたほうがいいです。

お金はあくまで手段です。お金という手段を使って、何をしたいのかが大切なのです。家がほしい、お気に入りの服や時計がほしい、安定した暮らしをしたいなどの目的達成の手段がお金なのです。この手段がいつの間にか「お金を儲《もう》けることが目的」になってしまうと、心に余裕がなくなります。

仕事も、一つの手段でしょう。「何のために働いているのだろう」と自分の中で目的を明確にしておくことは、とても大切です。

なんだか、手段なんて気にするな、目的だけしっかり持っていればいい、というような書き方になってしまいました。しかし、私が申しあげたいのは「目的意識を持っていれば、手段そのものに価値がある」ということです。

二人で幸せになろうと結婚した二人は、幸せになることが目的ですが、その目的達成のための毎日の暮らしそのものに、もっとも価値があります。

目的に向かう手段のことを、仏教語で方便《ほうべん》といいます。「嘘《うそ》も方便」の方便です。さらに仏教では「方便を究境《くきょう》となす」という言葉があります。目的を忘れずに向かっていけば、その過程自体が目的と渾然一体《こんぜんいったい》になるという意味です。

震災後の復興の道のりそのものが、復興であり、復幸だと私は思います。

手段に没頭していいのです。ただし、目的を忘れない、という条件つき。

自分のやっていることに不安を感じたら、目的を意識してみてください。そして、自分のやっていることがそれに向かっているのなら、方便は究境なので、安心して大丈夫です。

33

根本的な不安を解消する方法

禅定ということ

私たちは禅《ぜん》という言葉を日本語のように使っていますが、じつは古代インドの言葉。静思を意味するジャーナという言葉が、禅那《ぜんな》と音訳されました。やがて那が省略されて、禅という言葉が使われるようになりました。

「一人で、静かに、考える時間」は、〈孤独を愉しむということ〉（47ページ）でお伝えしたように、とても大切です。仏教ではその時間を持つことを「**禅定《ぜんじょう》に入る**」といいます。

自分勝手さに気づくのも、自らの過《あやま》ちに気づくのも、これでどうしてなかなかいいぞと自分を認めるのも、一人のときが多いのです。

他人のことを認める気持ちになり、許す気持ちになれるのも、一人静かな時間を過ごしているときです。

刑務所の独房は、自分を見つめなおすために、大切な場所なのです。

忙しい人たちは、一人でのんびりする時間がほしいといいます。一人でのんびりするのは、なるべく考えごとをしない状態ですが、禅は逆で、精神を統一、集中して「考え」「感じ」ます。

その点で、女性に人気のヨガに似ています。似ているというより、禅はもともと、体と心を宇宙とシンクロさせて、神との合一《ごういつ》をはかるヨガが、仏教に取りいれられたもの。禅はヨガの一種なのです。

禅にもさまざまな種類がありますが、つい自分の非《ひ》を他人のせいにしてしまう人用に、「内観《ないかん》」があります。一人静かな場所で、「自分がしてもらったことだけ」を思いだす禅です。蓮《はす》は泥水の中で育つのに、茎、葉、花、実は泥色に染まりません。泥水のような世の中でも、きれいな蓮のように生きていけます。

周囲のせいにして、自分を悲劇の主人公にし、責任回避してしまう人は、蓮を思いうかべ、自分が受けた「おかげ」だけに思いを馳《は》せると、清らかに強く生きていけるようになります。「こんな私でも、けっこう幸せなのだな」と思えるようになります。

情報などの刺激が多い時代には、いつもだれかとつながっていないと不安になる人、臆病《おくびょう》な人がいます。

自分の弱さを自覚していないのか、あるいは自覚したくないのか、いずれにしろ、**一人になって自分を見つめないと、根本的な不安は解消されません。**

大勢で楽しい時間を過ごすのは、禅定と正反対の心の状態です。心がザワザワ、ウキウキしているので、自分の心を静かに見つめるのはむずかしいのです。大勢で楽しんだ後に、しみじみと楽しかった時間を味わうのも、やはり一人になったときです。

私は孤立しなさいといっているのではありません。孤立はすべての縁が切れた状態です。それでは生きていけません。孤立ではなく、孤独になる勇気と時間を持ったほうがいいと申しあげたいのです。

孤独な状態で、わが身をふり返れば、すでにたくさんの縁とつながっていることにも気づけます。無理につながりを持続する必要がないことにも気づけます。

ただし、禅定の時間を有効に使えるのは、堂々と笑顔で、心おだやかに生きたいという思いがある人です。中国の古典『大学』の「小人閑居《しょうじんかんきょ》して不善《ふぜん》をなす」の言葉の通り、心のちっぽけな人は、一人でいると、ろくなことを考えません。

大きな心を目指して閑居《かんきょ》して、禅定に入る時間を楽しんでみてください。

34

いつも見返りを期待していると

布施ということ

見返りを求めない行為のことを、仏教で布施《ふせ》といいます。この場合の布は、広くとか、広げるという意味。施はそのまま、ほどこすこと。「広くほどこすこと」が布施です。もともとのインドの言葉はダーナ。これが音訳されて旦那の字があてられました。ですから、日本語の旦那さんは、見返りを求めずに広くほどこしをする人のことです。

実際はそうでない旦那さんもいますが、旦那は布施をする人のことです。ケチンボな男性は、旦那と呼ばれる資格がないことになります（と、書きながら私自身が反省しています）。

さて、私たちは何かすると、その反応を求めます。

便箋《びんせん》で手紙を書くときに、返事という反応が必要なら、最後に一枚白紙をつけておく習慣があります。その紙を使って返事をくださいという意味があるそうです。だとすれば、単なる礼儀と思って一枚白紙をつけて出すと、相手に余計な負担をかけることになります。

私は二十代のときに、二人のご婦人が「あの人ったら、私たちがあれだけしてあげたのに、ああいう態度はひどいわよね」と話しているのを、なにげなく聞いたことがありました。

そのとき以来、私は「～してあげたのに」という言葉を使わなくなりました。

だれかに何かして、その見返りを期待するのは、その行為がどれほど相手の役にたっていても、親切の押し売りで、ある種の「いやらしさ」を感じるのです。

まるで感謝をしろ、それを態度であらわせと命じられているようなものです。「恩は着るもの着せぬもの」ということわざがありますが、親切にするのは、自分が親切にしたいからであって、相手からの要望でないことが多いものです。ひょっとすると、相手にとって、大きなお世話の可能性もあります。

つまり、自分がしたいからした――それでいいのです。それが布施です。自分がしたいからした――相手の反応は期待せず、それで満足する潔さは気持ちのいいものです。

仏教の布施の中に、「**無財の布施**」という教えがあります。財産がなくてもできる布施です。**相手への笑顔、やさしい言葉、お先にどうぞという気持ち、手伝いなどは、お金がなくても、物がなくてもできる尊い布施**と仏教では考えます。

子どもは、見返りによって育つことがあります。私も手伝いをしてお小遣いをもらったことがありました。「こんにちは」と挨拶《あいさつ》できただけで、えらいねとほめ言葉をもらったこともありました。

大人たちは、そうしたご褒美《ほうび》をあげることで、「何かあげるからやってみろ」と教えたいわけではありません（そんなことを教えたら、ろくでもない人間になるのは目に見えています）。

大人たちは、人のために何かやることは、とても気持ちのいいことなのだ、そして、それはとても大切なことなのだと教えたいのです。

それに気づかずにいると、二十代までの私のように「これをしたら何をくれるの？」と損得勘定《そんとくかんじょう》でしか動かない、鼻持ちならない嫌な人間になっていきます。

なにげない会話をして、無条件で何かさせてもらう布施について、通りすがりの私に気づかせてくれたあの二人のご婦人は、あのとき、私にとって仏《ほとけ》さまだったと、いまでも思っています。

35

自分は幸せだと思う人間になる近道

感謝ということ

私たちは、膨大な条件が集まって、現在の自分が、他の場所ではなくここにいます。そして、現在の自分が幸せだと思う人は、その条件のことを「おかげ」と表現します。自分を支えてくれているのに、まるで日陰の存在のように目立たないことから、漢字で「御陰」と書きます。

こうしたおかげは、自分の命を支えてくれるような深いものもありますが、日常の中にあふれています。**だれでも気づけるのは「ありがとう」をいったとき**。感謝の思いを伝えるこの言葉も漢字にすると、ずっと意味深いものになります。漢字で書けば〝有り難う〟で、有ることが難い。英語でいえば〝hard to happen〟(起こることがむずかしい)です。

「ちょっと待ってて」「うん、いいよ」「ありがとう」――こちらの都合なのに、相手が待ってくれるなんて、本当はあり得ません。「嫌だ」といって、さっさと行ってしまえるのに、待ってくれたのです。だからこそ、「あり得ないことをしてくれて、感謝します」という意味で「有り難う」といいます。

　レストランで食事をしていて「そのお塩、取ってくれますか」といって、相手が取ってくれたときも「有り難う」です。たかが小さなテーブルです。本当なら自分で立ちあがって取りにいけばいいのに、相手は「自分で取れるでしょう」といわずに、わざわざ塩を手渡してくれたのです。だから、「そんなこと、普通はあり得ないのに、わざわざ取ってくれて感謝します」と思い「有り難う」と伝えているのです。

　待ってくれたこと、塩を取ってくれたことを当たり前と思えば、感謝の気持ちは起きません。しかし、どう考えても、それは決して当たり前のことではありません。

　感謝の気持ちのない人は、攻撃的になる傾向があります。暴言を吐く人は、感謝や有り難さなどに考えが及びません。そのため、心はいつも乱れ、自分は幸せだと思うことができないのです。幸せな人生を自らはねのけているように見えます。

　私はお寺にいるので、年配の方々と話す機会がとても多い生活をしています。自分がその年まで生きてきたことに思いを馳せるからでしょう。年を重ねた方々の多くは、感謝やおかげについて口癖《くちぐせ》のようにおっしゃいます。

「若い方は自分の年金をちゃんともらえるかわからないのに、払ってくれています。そのおかげで私はきちんと年金をもらえます。本当に感謝ですよ」

「娘が旅行に連れていってくれましてね。ありがたいですよ」

「誕生日に孫がプレゼントをくれたんです。ありがたかった」

年をとったら、自分は幸せだと思えるようになりたいと思います。

しかし、アマノジャクな私はこのような話を聞くと、つい口から出る言葉があります。

「ありがたいと感謝できるのは、とてもすてきなことですね。でも、感謝して終わっちゃダメですよ。自分が受けたおかげを、次は返さないとね。自分だけおかげをいただいて、他の人は知りませんじゃ、年をとった意味がないじゃないですか。ご恩返ししましょうよ。当事者に返さなくたっていいんです。別の人にだっていい。感謝したら、そのご恩返しする人生の大先輩の後ろ姿を、若い人たちが見ています。よい手本を見せてください」

そんなことをいっていたのは三十代のころでした。いまや、私がご恩返しをする年齢になりました。本書も、ご恩返しのつもりで書きました。

36

将来よい結果を望むなら

縁ということ

日本語で縁は、めぐりあわせ・関係・つながりなどの意味ですが、仏教語では「結果を生ずるための間接的原因や条件」をあらわします。つまり、ある結果になるのに必要な条件のことです。

お釈迦《しゃか》さまがさとったことの一つは、物事にはすべて原因があり、それに縁が加わって、結果が生じるという大原則でした。この原則に異議を唱《とな》える宗教や哲学はないでしょう。

生まれたという原因に、年をとるという縁が加わって、死という結果を迎えます。

お腹がすいたという原因に、食事をする縁が加わって、結果としてお腹いっぱいになります。

寂しさという原因があって、人と出会う縁が加わって、仲間や恋人になります（原因が寂しさばかりとはかぎりませんが）。

このような「因と縁と果」の法則を、仏教で縁起《えんぎ》とか因縁《いんねん》、あるいは因果《いんが》といいます。

本来、仏教で説く縁起、因縁、因果は、いいとか悪いというニュアンスは含んでいません。私たちにはどうすることもできない自然の摂理《せつり》として、時代や場所に関係なくはたらいている道理として使われる言葉です。

心がおだやかになるためには、この道理を知って「**いま、私がこうなったのは、あのときのあれが原因で、それにこんな縁が加わったのだな**」と納得できれば、目の前の現実（結果）ばかりに心を奪われることは少なくなります。

ところが、因縁と因果は、自分では知りようがない「前世の影響」の意味だけに使われることがあります。とくに、霊能者や占い師などは、この言葉を多用します（もちろん、霊感商法の悪徳詐欺師《あくとくさぎし》は、因縁と因果の言葉抜きでは商売ができません）。

現在の不幸という結果を説明するためだけに、前世の原因と縁を持ちだすのは、体《てい》よく、現在と未来から「逃げている」だけです。

霊についても同様のことがいえます。霊感商法では、霊を幸・不幸の辻褄合《つじつまあ》わせのためだけに持ちだします。

「あなたの病気が治《なお》ったのは霊のおかげです」「あなたがひどい目にあっているのは霊のたたりです」などです。

気をつけていただきたいのは、幸・不幸だけを霊で説明し、それ以外の、なんとも思っていないことに、霊の出番がないことです。

携帯電話に充電できたことに霊の出る幕はありません。電車に乗ることを霊のおかげにすることはありません。

ところが、携帯電話の調子が悪くて充電がうまくいかなかったものが、うまくいくようになれば、幸の状態になるので「ご先祖が充電を可能にしたのです」となります。

乗った電車が止まってしまい、会社に遅刻すれば、不幸な状態になるので、その辻褄合わせで「あなたがあの電車に乗ったのは、悪霊がそうさせたのです」となります。

これでは霊が気の毒です。こうした霊感商法には、くれぐれもご注意ください。

話を縁に戻しましょう。物事には原因があって、縁が加わって、結果になるという大原則は、現在の幸・不幸を説明するための原理ではなく、将来よい結果を導きだすための、未来志向型の教えとして考えたほうがいいのです。

縁が別の因になることも、結果が別の因や縁になることもあります。その中で、これから集まってくる縁は、自分で集められるものもありますが、自分の意志と関係なく集まるものもあります。

よい結果を望むなら、自分で集められる縁は、自分で引き寄せる努力はしておきましょう。

37

大きな安心感が生まれる

平等ということ

高校一年生の担任をしていたとき、いじめられたり、非行したりする子どもにかかりっきりになっていたことがありました。あるとき、生徒に「先生は、あいつらのことばかり一生懸命になって、俺のことはかまってくれない。贔屓《ひいき》してる」といわれたことがありました。

私は答えました。「贔屓するなんて、当たり前のことだ。かわいいやつはいるんだ。一生懸命かまってやらないといけないやつはいるんだよ。おまえもかまってもらいたいなら、もうちょっとかわいいやつになれ。そうすれば贔屓してやる」

その夜、彼が何かにつけ、私の肩やお尻《しり》を叩《たた》いていることを思いだしました。それまでは面倒くさいやつくらいに思っていたのですが、彼も私がかまわなくてはならないうちの一人だったのかと気づきました。

二十三歳で贔屓に関して、こんななまなましい経験をしたので、後になって仏教の「平等」の考え方に出会って以来、折りにふれて平等について考えるようになりました。

仏教で「平等」が使われるのは、仏さまから私たちへ、平等に慈悲《じひ》が注《そそ》がれているという場合が圧倒的です。

仏さまは贔屓しません。贔屓する人を、そもそも仏とは呼びません。

「あいつは面倒くさいやつだから、放っておこう」とか「あいつは他宗教だから慈悲で包むのは、やめておこう」などと、みみっちいことはいいません。それは、広大な慈悲心を持っているからです。

その**大きな慈悲の心を無縁《むえん》**ともいいます。「縁が無《な》い」ではなく「特定の縁を持たない、絶対平等」の素晴らしい境地をあらわす言葉です。

私が仏教を勉強する中で、平等について、とても勇気をもらったのは、「お釈迦さま以外にたくさんの仏がいるのはどうしてか」という疑問に答えてくれた先生の話でした。

さとりを開いて仏になったお釈迦さまは、どうしてさとれたのだろうと昔のインド人は考えました。さとりという結果になるまでに、どんな縁があったのかを考えました。

お釈迦さまは三十五歳でさとりを開きました（亡くなったのは八十歳）。ですから、三十五年の人生の中で出会ったことすべてが、さとりへの縁としてはたらいたと考えたのです。

生まれてすぐにお母さんが亡くなってしまったので、母親の愛情について思いをめぐらしたでしょう。その母の無念さも想像し、もし母が生きていたらとも思ったでしょう。人々のやさしさ、一歩ふみだす勇気、傲慢《ごうまん》さ、さわやかさ、陽気さも目にしたはずです。

太陽が昇り、風が吹き、雨が降り、咲いた花を目にし、しおれていく様も見たでしょう。虫が地面を這《は》い、鳥が飛び、魚が泳ぐ様子に見とれていた時期もあったでしょう。

こうしたものが、総がかりで釈迦をさとらせたのです。一人の人間を仏にするほどの力があるので、それらの力も仏と呼ぶことにしました。やさしさを観世音菩薩《かんぜおんぼさつ》、一歩ふみだす勇気を不動明王《ふどうみょうおう》、育てる力を地蔵菩薩《じぞうぼさつ》と呼びます。このようにして、さまざまな仏たちが考えだされました。

お釈迦さまから二千五百年たったいまでも、人の情にはかわりがなく、自然の世界も当時と同じ姿を見せてくれています。その意味で、お釈迦さまが体験したことは平等に私たちを取りまいています。これが、仏教で「あなたも仏になれる」と説く根拠です。

天地自然の営みは、私たちに平等に作用しています。**自分は平等の中に生き、生かされている**のだという感覚は、人生を生きる上で大きな安心感につながります。

38

心の色眼鏡をはずす法

ありのままに見るということ

写真をもとにして描かれる絵を、スーパーリアリズム絵画といいます。また、作家が自分の目で見たままを描いた絵を写実絵画といいます。どちらもネットで見られますが、画面で見ても、否《いな》、実物を見ても写真にしか見えません。

千葉市緑区にあるホキ美術館は、写実絵画に特化した美術館。私は、必ず拡大鏡を用意していきます。拡大鏡で細かいところを見ないと写真にしか見えません。人間が描いた絵とわからないのです。

葉っぱ一枚、人の手のしわ一つ、ガラス一片に、何十もの色が使われています。画家の目を通すと、物はそんなふうに見えているのだと驚嘆せざるをえません。

坊さん仲間とホキ美術館を訪れたとき、一人が思わず「これが大円鏡智《だいえんきょうち》ですね」といいました。

大円鏡智は、仏さまが持っている智恵の一つ。大きな丸い鏡のように、物事をありのままに映す智恵のことです。思いこみ、偏見などを一切排除した見方です。思いこみや偏見があると、物事の一つの側面しか見えなくなり、本質がつかめないので、ありのままに見る大円鏡智はとても大切にされます。

一匹二百円のさんまを買ってきて、「二百円もするんだから、きれいに食べてよ」とさんまをお金に換算して見る人もいます。「さんまはダツ目サンマ科の海水魚」と生物として見る人、「このさんまは、親兄弟にお別れをしないうちに捕られたのだろう」と感傷的な見方をする人もいます。落語好きの人なら「さんまは目黒だ」というでしょう。

仏さまの大円鏡智で同じさんまを見たらどう映るか、残念ながら私にはわかりません。しかし、「同じ時代にこの地球に生きていたという意味で自分の仲間」「空を飛ぶこともなく、陸に上がることもせず、自分に与えられた海という環境の中で、堂々と生きてきた」くらいの見方はするでしょう。

こうした見方すべてを含んだものの見方が、ありのままに見るということです。

ところが、わがままな私たちは相変わらず、色眼鏡をかけたものの見方がすべてだと思ってしまいます。それを感じるのが「○○のくせに」と「○○なんて」という言葉。

男のくせに、女のくせに、公務員のくせに、坊主《ぼうず》のくせになど、すぐに十くらいは思いだせます。それは、男はこういうもの、女はこうあるべき、公務員はこうしなければ、坊主はこうすべきという、自分の考え方がかたよっている証《あかし》です。

政治家なんて、お金なんて、親なんて、派遣社員なんて、人の心なんて……も同様です。自分の色眼鏡で見ている世界が絶対だと思ってしまうのです。

ですから、「○○のくせに」「○○なんて」と口から出そうになると、私は「おっと、危ない」と思うようにしています。

言葉の「は」は、木《こ》の葉《は》、山《やま》の端《は》、刃《やいば》などのように、本体の端についているものをあらわします。心という本体の先端部分が言葉です。思っていることが言葉になります。自分が使っている言葉から、心の状態を推測できます。

私にとって、「○○のくせに」「○○なんて」は、「あなたの心がかたよりつつあります！　注意してください！」という、電車の踏切警報音のようなものなのです。

大きな丸い鏡のような見方ができるようになると、すべてがありのままで素晴らしいこともわかるはずです。色眼鏡でものを見ていないか、ときどき、実際にお手持ちのサングラスをかけたりはずしたりしてみてください。

「なるほど」とおわかりいただけると思います。

39

「不思議」を大事に

偶然と必然ということ

自分の身に起こったことを説明するのに、「すべては必然」と考える人がいます。一方で、「すべては偶然」と考える人がいます。

必然か偶然かは置いて、〔縁ということ〕（123ページ）でお伝えしたように、すべては原因があって、そこに縁が加わって、結果が生じるというのが、仏教の立場。何もないところから、いきなり結果が生じることはありません。

すべては必然だと考える人は、結果から考えて、そうなるために必要な縁が集まり、そのもとには何かの原因があったとします。その原因が何か、どんな縁が加わったかは、私たちにわからない場合が多いものです。

それをすべて必然だと考えれば、私たちを支配しているナニモノかを想定していることになります。物事は、ナニモノかによって、そうなるように仕組まれているということです。私には、とても信じられません。

「○○しなかった」「○○が起こらなかった」というのも縁の一つです。私は三人きょうだいの一番下ですが、私と兄の間に流産してしまった兄か姉がいます。両親は、子どもは三人と決めていたようですから、無事に生まれていたら、私はここにいないことになります。つまり、私がこの世に生まれるためには、「もう一人、兄か姉がいなかった」という縁があるのです。

いまの私がここにいるのは、高校を中退しなかった、一般企業に勤めなかった、途中で死ななかったなど、目に見える縁よりはるかに膨大な「○○しなかった」「○○が起こらなかった」縁が存在していることによります。そんな膨大な「起こらなかったこと」も必然とする考え方に、私は賛同できません。

もちろん、「当然の結果」という意味で必然を使うことはあります。自分勝手という縁をそのままにしておけば、友だちがいなくなるという結果になるのは明らかです。卵に「落とす」という縁を加えれば、その結果は「割れる」です。

いずれにしろ、私たちを支配しているナニモノかを想定して「すべては必然」と考えてしまうのは、自ら縁をつくりだして、よりよい結果を導きだすための主体性が欠けてしまう気がしてなりません。

一方、すべては偶然と考えるのも少々危険です。かつて私は「すべては偶然で、偶然の縁を、ただ感謝すればいい」と思っていました。

しかし、本書を書いてあらためて、すべてが偶然か必然かは、私には一生わかりませんから、「すべては原因と縁によって導きだされた結果」としておくべきだと思うのです。そこで、思考を止めるのです。

思議しない――これを仏教では「不思議」といいます。**不思議として感謝すれば、それでじゅうぶん前向きに生きていけます**。

私が気になるのは、目をキラキラさせて「これって必然だよね」とおっしゃる方です。「すべては必然」「すべては偶然」のどちらかなら、まだ話はわかります。ところが、特定のことだけを必然とする方は、かなりバランス感覚がずれていると思うのです。

特定のこととは、「自分にとって都合のいいこと」です。だれかと出会えてよかったと思うと「この出会いは必然だ」といいます。その友だちと喧嘩《けんか》をしたことは必然になりません（あとになって、もっと仲よくなれた場合だけ「あの喧嘩も必然だった」になるのです）。

なんとも思っていないことは必然だと思いません。天気が晴れでも、曇りでも雨でも、それが自分にとって都合がよければ必然になり、なんとも思わなければ「今日はいい天気だ」で終わりです。

これでは、あまりのご都合主義。気をつけましょう。

40

「お先にどうぞ」で心が楽に

ご都合ということ

ここで扱う「ご都合」は、自分がしたいこと。欲や欲望とほとんど同じ意味です。ご都合については何度かふれましたが、私たちを大きく悩ませるこのご都合について、あらためて真っ正面から向きあっておきましょう。

お釈迦さまが出家《しゅっけ》したのは、生まれ、老い、病気になり、死ぬというご都合どおりにならない四大苦を解決したかったからです。

人はだれでも、自分のご都合どおりにしたいことがそうならないときに、苦しみや悲しみ、憎しみや絶望などのマイナスの感情がわき起こります。

できればそのようなマイナスの感情にさいなまれたくありません。だとすれば、それをなくす方法は二つです。

一つは、自分のご都合をかなえてしまうことです。そうすれば、苦は生じません。思いどおりになっていれば、だれも文句はいいません。食べたいものが食べられれば、満足します。ほしいものが手に入ればうれしいでしょう。

こんなふうになりたいと思って、そうなるように努力して、思いどおりになれば、こんなに幸せなことはありません。

自分のご都合をすべて自分の努力でかなえられればいいのですが、残念ながらそうはいきません。生きていれば、他のご都合と衝突するからです。

横断歩道を渡りたいと思っても、赤信号なら渡れません――信号機のご都合とぶつかったのです。

すぐにほしいものがあって、買いにいくと「品切れです」といわれます――店の在庫管理というご都合と、いまほしいという自分のご都合の衝突です。

お風呂に入りたいのに、だれかが入っている――他人のご都合と鉢合《はちあ》わせです。

ことほどさように、私たちのご都合はままなりません。それが世の中です。

そこで、仏教が提案するのは、もう一つの苦をなくす方法。それは、ご都合自体をなくすという、大胆なもの。**自分のご都合そのものがなく、「べつにどうでもいいよ」と思っていれば、何がどうなっても苦は生じません**。

それでも、人生は長いですから、好きな仕事をしたい、お金がほしい、健康でいたい、笑顔でいたいなど、たくさん欲が出てきます。僧侶《そうりょ》にも「さとりたい、人々を救いたい」という欲がありますが、上求菩提《じょうぐぼだい》・下化衆生《げけしゅじょう》の欲だけは、忘れてはならない大欲として認めます。

私は、独身者が多くなった原因の一つは、自分のご都合を優先させたいというわがままにあるとひそかに思っています。

夫婦生活は、二人が一緒に暮らすことですから、互いのご都合がぶつかる頻度《ひんど》が高くなります。しかし、それがおもしろいのです。「お先にどうぞ」と相手のご都合を優先させる大きな心を磨くのに、最適な場が結婚生活だと思うのです。

欲が多くなれば、それだけ苦しむ確率が高くなるのは事実です。

そのために、仏教では「欲を少なくして、足ることを知れ」と説きます。**欲はなるべく少ないほうがいい**のです。本書は、「これで満足しよう」「これでＯＫとしよう」という少欲知足《しょうよくちそく》のすすめに関する項目が随所に入っています。

自分のご都合を上手にコントロールする術《すべ》を身につけていくと、心が楽な日が多くなります。「お先にどうぞ」を口癖にしてみませんか。楽になりますよ。

41

「まだまだ」と気づいたとき

無明ということ

どうして人は、自分のご都合どおりにならないとマイナスの感情がわくのでしょう。その原因を探らないと、心おだやかになることはできません。そこで、お釈迦さまは精神を集中して（禅定に入って）、その原因を探りました。

それは求めるから。求めるのは執着《しゅうちゃく》するから。執着してしまうのは自分がそれまでにそれに関してかたよった見方をしてきたから……と、原因をさかのぼっていきました。最後に行きついたのが「物事の真実の姿がわかっていない」ということでした。この根本原因を、仏教で「無明《むみょう》」といいます。明りがない状態です。

暗闇《くらやみ》の中では、自分がどこにいるのかわかりません。実生活の中では、「私はいったい何をしたいのだろう」「どうすればいいのだろう」と迷っている状態です。

行くべき場所があっても、暗闇の中では、どこを向いて歩きだせばいいのかわかりません。無理に歩きだせば、間違った方向に行くことになります。どこまで行っても目的地に到着しなければ「おかしいな、こんなはずじゃなかったのに」と戸惑《とまど》います。

無明は、あてどもなくさまよっている人生そのもののような気がします。しかし、真っ暗の中にいるような人生に光を当て、行くべき道を堂々と進める方法があります。私は、やろうと思ったのにできないとき、あるいは失敗し、間違ってしまったときに、小さな灰色の雲にのった「無明」という言葉が、ふわふわと心の中にあらわれる気がします。そして「まだできない。まだ失敗する。まだ間違う。私は、まだまだだな」と思うのです。

このまだまだの状態に気づくことを「**無明の自覚**」といい、仏教ではとても大切にします。ダメな自分を自覚しないと、無明から抜けでられず、そのまま無明に留まることになるからです。

やみくもに生きていたら、知らないあいだに無明の闇から出てしまったなんて、公園の迷路遊びのようなわけにはいきません。

無明の自覚をしたら、次にはそこから抜けだす努力をすればいいのです。

私の場合は「よし。次はできるようになり、失敗せず、間違わないようにしてみよう」とニッコリ笑います。仏教的には、これが修行《しゅぎょう》の入り口です。

心を決めずに、どうしようと迷っているとき、「私ってまだまだだな。よし、まず心を決めよう。心を不動にしよう。そして動きだそう」と、無明を自覚して、そこから抜けでるために具体的な行動を起こすのです。

侮辱《ぶじょく》されて悔《くや》しさがつのり、夜も眠れず、食欲もなくなったら「あの程度のことでこんなになるなんて、私ってまだまだだな」と無明を自覚して、「あんな侮辱の仕方しかできない人こそ、つまらない人だ。そんな人の言葉で傷ついている場合ではない。あの人は自分の土俵《どひょう》に他人もあげようとしているのだ。私は私の土俵で勝負すればいいのだ」と自分の人生を堂々と歩くのです。というより、歩くしかありません。

自分がまだまだだと自覚するのは、それまでの自分を否定するのと同じです。ですから、最初は勇気が必要です（この勇気については〔勇気ということ〕79ページでふれました）。

「まだまだだ」と気づいたときに、**「さあ、これからすてきな自分にリニューアルだ」と笑顔になることが大事**です。笑顔で無明に気づき、笑顔でスタートするのが大切なのです。そこでも、まだむずかしい顔をしていたら、そこでまた「笑顔になれないなんて、私はまだまだだ」と笑ってしまうのです。

42

心配性の人への伝言

心配と心配りということ

私が「心配」について大きな発見をし、それから心が楽になったのは三十代半ばのこと。まだ携帯電話が普及していない時代でした。

ある日、会議があって外出。そのまま懇親会《こんしんかい》、二次会、三次会へと進みました。家内には夕方に、「懇親会に出るから」と連絡したきりで、夜遅く帰宅しました。子育て中の家内は、寝ているはずの時間です。

なるべく起こさないように静かに玄関を開けると、そこに待っていたのは、無言ながらも「言いわけは許さん！」パワー全開の家内。

「なんだ、起きてたのか」と私が白々しくいうと、『『なんだ』じゃないでしょ。いまごろまでどこで何をしてたのよ。心配してたんだからね！」

そういうと、ふり向きざまに「先に寝るからね」とぷいとふり返って寝室へ。

仏教の修行に、三年間しゃべらない千日無言行というのがありますが、家内の場合は、私の行状への抗議運動として三日無言行に専念しました。

相手にしてもらえない私は、自らの無明を自覚することになるのですが、その中で「心配」について考えました。家内が私のことを心配してくれるのはありがたいことですが、あまり心配されてもなぁ……という思いがあったのです。

それから数ヵ月後、私は厚紙で大きな往復ハガキをつくり、法話《ほうわ》で使いはじめました。

往信面には「心配」、返信面には「返事」と大きく書きました。

心配とは、「あなたのことを気にかけています」と相手に自分の心を配《くば》ることです。ところが、それには必ず返信が必要なのです。心配した人は、返事がほしくなるのです。「早く寝ないと朝がつらいよ」と自分の心を相手に配信すれば、相手が早く寝るという返事がほしくなります。返事がなければ「せっかく心配しているのに、遅くまで起きているなら、明日起きられなくても知らないからね」とイライラします。

悪いことをしたのに謝《あやま》らない人に向かって、「自分が悪いと思ったら、素直にごめんなさいって謝ったほうがいいよ。そうしないと相手にされないよ」と心配して、相手が「そうだね、悪かった。ごめん」といえば、返事を返したことになります。

しかし、「だって悪くないもの」と相手がいえば、これは返事にあらず。「じゃ、勝手にすればいい。どうなっても知らないから」と怒りだします(念のために書き添えますが、この二事例はわが家の話ではありません)。

このように、心配は、心配したことに対する素直な返事が必要なのです。しかし、相手にも事情がありますから、期待する返事など、返ってこないほうが普通です。

家内の三日無言行のあいだに、もう一つ気づいたことがありました。それは心配と似て非なる「心配り」についてでした。

心配りの場合は、だれも返事を期待しません。来客に出すお茶は、心配ではなく心配りで出すので、お客さんがお茶を飲まなくてもイライラすることはありません。

いままでは私は、だれかのことを心配せずに、心配りに徹しようと思っています。そして、自分が心配されたら、なるべく素直な返事を出そうと思うようになりました。

心配は返事を期待するという厄介《やっかい》な側面があります。自分が心配性だと思う方は、それを知っておいて、同時に心配りも忘れないでいられるといいですね。

第5章　これがわかれば

ふりまわされない

43

ダメな自分を立てなおすとき

煩悩がそのままさとりということ

私たちは、子どものころから悪いことはしてはいけない、迷惑をかけてはいけないと教えられてきました。たくさんの人間が同じ場所、同じ時代で幸せに暮らすには、とても大切なルールです。まじめな人は、このルールはみんなが守るべきもので、それに反することをしてはいけないと、かたくなに思います。

しかし、こちらが悪いと思わなくても、相手にすれば悪いことがあります。こちらは迷惑をかけたつもりがないのに、相手にとって迷惑なこともあります。

当人がそれに気づかなければ、心乱れることはないのですが、何かのはずみで相手に悪いことをした、迷惑をかけたことが発覚すると、いたたまれなくなります。自分を律していたルール、「悪いことはしない」「迷惑をかけない」を自ら破ったことになるからです。

それまで、規則を順守する優等生だった人は、自分が悪いことをしてしまったときに、どのようにリカバーするか、ほとんど経験も知識もないので、ただオロオロするばかり。

自己嫌悪《じこけんお》、後悔、罪悪感《ざいあくかん》にさいなまれつづけることになります。

なんだか心理分析みたいなことを書いていますが、打たれ弱かった昔の私のことです。しかし、年を重ねるにしたがって、ダメな自分をどのように立てなおしていけばいいのかわかってきます。

［無明《むみょう》ということ］（138ページ）でふれましたが、まず「私はまだまだだな」と自分の無明を自覚することです。次に、よりよい自分を目指す準備段階として、相手に謝罪することとです。相手が許してくれない場合もありますが、それは相手の問題です。「自分が正しいと思った道を進もう」と決めて、相手から離れるしかありません。

そして、「禍《わざわい》を転じて福と為《な》す」のことわざの通り、**自分の過《あやま》ちを杖《つえ》にして、先に進めばいい**のです。いつまでもその場に留まっていられるほど、人生は長くありません。残りの人生を有意義に過ごすために、なるべく早く、再スタートしたほうがいいのです。

相手がいる場合について書きましたが、主に心の問題を扱う仏教では、立ち向かうべきなのは自分の悪《あ》しき心だとします。心がおだやかになるのを邪魔する煩悩《ぼんのう》を、なんとかしなさいと説きつづけます。

物を次々にほしがる物欲。人の関心が自分に向くよう仕向ける心。怒りや憎しみ。怠《なま》け心。自分の過ちや不都合を隠そうとする心。ものおしみする心。取り入って自分の立場をよくしようとする心など、数えればきりがありません。

仏教では、まずその煩悩に気づきなさい、気づく勇気を持ちなさいと勧《すす》めます。そして、その煩悩がどうして起きたのかを分析してごらんなさいと説きます。

分析して納得できれば、煩悩はおだやかな心を乱すどころか、それから先、あなたが堂々と前に進む原動力、杖に変化するというのです。

本書の読者ならば、いままでの人生で「このままの考え方ではマズイ」と思ったことがあるでしょう。それを納得したから、よりよく生きられるようになったことがあるはずです。

人からよく見られようとしてクタクタになった人は、人の目よりも自分で自分にＯＫを出せればいいと納得します。自分の無明を自覚せずに、最初から「自分は自分」と割りきって生きている人より、人の痛みがわかる、深みのある生き方ができるようになります。

煩悩は処理の仕方で、そのまま私たちの人生を彩《いろど》る素晴らしい素材になるのです。

自己嫌悪、後悔を上手に活《い》かして、この先も生きていきましょう。

44

心の傷や負い目を放っておかない

時間ということ

私たちは時間という流れの中で生きています。仏教では、私たちの命のあり方を「無終無始にして三世《さんぜ》（過去・現在・未来）にわたる」といいます。命の営《いとな》みは永遠である、あるいは、命は永遠に循環するといいかえてもいいでしょう。その永遠の時間の中で、「私」が担当するのは、稲妻《いなずま》のひらめきにも等しい百年ほどです。

地球の歴史を四十六億年とすれば、百年は四千六百万分の一。思いきって日数で換算すると、およそ五百三十二日（一年五ヵ月あまり）の時間の中の、たった一秒がこの世での「私」の受けもち時間です。

こうした巨視的な時間感覚を持つと、何か悩みがあっても、「一瞬で過ぎ去る時間の中で、いったい自分は何をくよくよしているのだろう」と思えて、気持ちが楽になることがあります。

しかし、「一即多」の考え方からすれば、稲妻のひらめきの中にも、さまざまなできごとが凝縮しています。いくら短い一生でも、ふり返ればいろいろなことがあります。

よく、時は過ぎ去っていくもので、戻すことも止めることもできないといわれます。たしかに、起こったことはやり直しがききません。もう一度、小学生に戻りたいといっても無理。別れたあの人と、もっと早く出会っていたらと夢想しても後の祭りです。

しかし私は、時間は過ぎ去るものではなく、積み重なると考えています。時間の流れを水の流れのような水平で考えるのではなく、縦軸《たてじく》にして考えるのです。とてつもなく高く積みあげられたレンガの最上部に立っている自分の下には、四十六億年の高さのレンガがあるのです。

これを自分の人生にも当てはめてみると、おもしろいことに気づきます。レンガ一段を一年と考えます。すると、私は現在五十六歳なので、五十六段積まれたレンガの上にいます。十二段目で小学校を卒業して、二十五段目で結婚。三十段目で三人の子どもの父親になりました。本を書きはじめたのは四十九段目でした。それぞれは過ぎ去ったものではなく、やはり積み重なっていて、その上にいまの自分がいるのです。

人はそれぞれ何段目かに、心の傷を残しています。はるか下のほうにあるレンガを取りだして、新しいレンガと入れかえることはできません。起こったことは修正できないのは確かです。

起こったことは修正できませんが、そのときの自分の心は、いまからでも修正できます。

心の傷を、何段目かのレンガの中の黒い石粒だとしましょう。それを白い石粒に変えられるのです。

その方法は、現在の自分が、心の傷を負った過去の自分に会いにいくのです。タイムトラベルです。そこで過去の自分を、いまの自分ならどのようになぐさめるだろうと考えます。

「あのときは、仕方なかったさ。まだ幼稚な考え方しかできなかったんだ。でも、それに気づいて、いまでは、ほら、この通り、立派になったよ」

こうすると、黒い石粒が白い石粒に変化します。「あなたが経験したことは、あなたがよりよい自分を目指すかぎり、すべて無駄ではない」というのは、こういうことです。

過ぎ去ったものは変えられないなんて、浅くて薄い考えは捨ててしまったほうがいいですよ。積みあがった時間に埋もれている心の傷や負い目を、そのままにしちゃいけません。

45

捨てる覚悟を持つ

選ぶということ

結婚披露宴の一コマ。司会者がいいます。

「それでは、今日、晴れの日を迎えられた新郎新婦が、夫婦として行うはじめての共同作業。ただいまから、ウエディングケーキにナイフを入れていただきましょう」

その言葉にいざなわれて新郎新婦がケーキに向かい、手に手を添えて準備ができたところで、司会者のひとこと。

「それでは、ウエディングケーキ、入刀でございます」

すーっとナイフが入り、友人たちの写真撮影が始まります。カメラ位置に合わせて左右を向く幸せいっぱいの二人。写真撮影が終わるのを確認した担当者が、ナイフをあずかり、二人を雛壇《ひなだん》へ戻します。それを温《あたた》かい視線で見守る参列者に向けて、司会者のコメントが入ります。

「ありがとうございました。ただいま、あのナイフがケーキに入りました瞬間、新郎は新婦をのぞく世の中のあらゆる女性への権利を放棄いたしました。また新婦は新郎の上にドッカとあぐらをかく権利を取得したことになります。初々《ういうい》しくも、華《はな》やかなウエディングケーキ入刀でございました」

このコメントを聞きながら私は、「そうか、いまのケーキ入刀には、そういう意味があったのか。これで私は、こいつ以外のすべての女性に対する権利を放棄したのだ」と思いつつ、花嫁姿の家内を見ながら雛壇についたのでした。

何かを選びとるというのは、その他を捨てる、あきらめることだと覚悟したのです。二十五歳のときでした。

「不動ということ」（12ページ）でもふれましたが、「心を不動にする」あるいは「決める」ことは、他を捨てるということです。一つのものに決めるには一つに絞《しぼ》りこむ覚悟が必要ですが、同時にもう一つの覚悟をしなければなりません。それが、選んだもの以外を捨てる覚悟です。

私たちはつい選んだほうを優先して考えますが、捨てていることのほうが多いことを、しっかり知っておくべきです。家内を選んだ私は、数億人の女性を放棄したのです。

それを知らないでいると、捨てたはずのものをすぐに選びなおしたくなります。

まるで、おもちゃを買ってもらった子どもが「あっちのほうがいいかもしれないから、あっちにしよう。でも、向こうのやつもいいかもしれない」と、おもちゃ売り場をグルグルまわっているようなものです。一つおもちゃを買うのは、他をあきらめたということ。他をあきらめたから、一つを選べたということです。

レストランでのメニュー選び、洋服・アクセサリー選びから、仕事選び、恋人選び、結婚相手選びなど、些細《ささい》なことから大きなことまで、**人生の中のあらゆる「選択」は「他はあきらめる」と表裏一体**です。

「あきらめる」を辞書でみると「諦める」と「明らめる」があります。

「諦める」は、「望んでいたことの実現が不可能であることを認めて、望みを捨てる」の意ですが、そのためには「明らめる：物事の事情・理由をあきらかにする」ことが必要です。

「私はこれを選んだのだから他は選べない」と心の中で明らかにしないと、諦められないのです。明らかにすれば、諦められるのです。

いままでしてきた数々の選択には、そのような意味があり、これからの人生での選択にもそのような意味があることを、知っておきましょう。

46

現実から逃げてしまいたいとき

現実に戻るということ

「やまない雨はない」といいます。苦しみや悲しみの中にいる人にとって、一つの救いになる言葉です。何かに縛《しば》られたように窮屈《きゅうくつ》だった心に、「この最悪の状況も長くは続かない」と、少し余裕が生まれます。

苦悩の中にいる人にとって、もう一つ天気を例に希望を与えてくれる言葉があります。

「雨の日でも、雲の上には太陽がある」

雨の日に飛行機に乗って、雲の上に出たときに「なんだ、雲の上は晴れているのか」と感じたことがある人には、とてもわかりやすいたとえです。

自分の心はいま、厚い雲におおわれ、冷たい雨が降っているようなものだ。けれども、飛行機で雲の上に出たときのように、晴れ晴れした心にいつかなれるという希望の光がさしてくる言葉だと思います。

仏教では、私たちの本来の姿を、太陽でなく満月にたとえます（インドは暑い国なので、太陽にいい印象を持っていないのかもしれません）。私たちの心は満月のように、欠けるところがなく明るいはずなのに、それが煩悩という雲で隠れているのだとします。

ここまでは、「雲の上には太陽がある」と同じですが、ここから先が大事なところ。仏教では、煩悩という雲を自覚して、その雲を吹き払ってしまえと説きます。どうやって吹き払うかといえば、仏教の教えで吹き払えというのです。

いつかやむだろうと期待しているだけでは、雨はやみません。いつやむかもわかりませんから、その間、じっと我慢していなければならないのです。

雲の上には太陽があると知っていても、雨雲がいまの自分の心を覆《おお》っていること、冷たい雨に濡《ぬ》れ、凍《こご》えている事実は変わりません。

いつ実現するかわからない期待や希望に頼らずに、眼前の雨、頭上の雲に対処していけと仏教では勧めます。現実としっかり向きあい、それに対処しなければ、空想とロマンに浸《ひた》って、現実逃避しているだけなのです。

現実から逃げて、別世界に逃げこんでしまう極端な例は、カルト教団によく見られます。経済的に困窮《こんきゅう》している、自己実現ができない、社会に適応できないなどが原因で、宗教の門をたたく人はたくさんいます。

カルト教団は「お金などは欲の象徴で、悪魔がばらまいている」と全財産を教団に寄付させて、教団内は悪魔の手先のような金にふりまわされない世界だと洗脳します。

「欲にからんだ社会では、だれでも自分に嘘《うそ》をついて生きているから、自己実現ができないのだ。だれも嘘をつかない素晴らしいこの教団なら自己実現できる」と引きこみます。

「あなたのような、まじめで正直な人が適応できない社会のほうが間違っている。一緒に間違った社会を変えましょう」と、テロを起こします。

大切なのは、別世界に逃避することではありません。

経済的に困窮しているなら、国の援助を受け、少ないなりに生活する忍耐力をつちかうことです。正直者で自己実現ができないなら、自己実現を目指すよりも正直者であることに、堂々と誇りを持つことです。

社会に適応できないのを、社会のせいにせずに、自分から心を開いて人に接し、積極的に生きていく勇気を育てることです。

素晴らしい言葉や教えに出会ったとき、それを自分が直面している現実に応用すること、現実に戻ることを忘れないでください。

47

「自分なんて……」と思う前に

世の中は飾られているということ

長男が生まれた翌朝、朝の勤行《ごんぎょう》を終えて境内《けいだい》に出ると、生け垣の葉がヒラヒラと風にそよいでいました。なにげない毎朝の光景のはずですが、葉たちが手をふって「はじめてお父さんになったね。おめでとう」とお祝いしてくれている気がして、その場にしばらくたたずんでいました。

近所の公道に面した植えこみにローズマリーが植えられています。横を通るたびに、葉をちぎらないように、茎《くき》と葉を握って軽くしごきます。手に移ったさわやかな香りを楽しみます。

道を歩くときは、アスファルトと縁石《えんせき》が接した部分に目を向けます。高い確率で、苔《こけ》が生《は》えています。英語で苔はモス（moss）なので、苔を見ながら、駄洒落《だじゃれ》まじりに片手をあげて「モッス！（オッス）」と挨拶《あいさつ》します。

近くでネコやカラス、ウグイスなどの声がすると、その鳴き真似をします。カラスとネコはビックリしたように黙り、ウグイスは鳴き返してきます。

住宅街を夕方歩くと、夕飯の準備をしているのでしょう。家々の換気扇からさまざまなおかずの匂いがします。それに影響されて、帰宅すると「明日の夕飯のおかずだけどね」と家内にリクエストします。

どこにでもある、こうしたなにげない日常を仏教的な感性で見ると、**世の中はさまざまなもので飾られている**と気づきます。それを四つに大別して、**嬉《き》・鬘《まん》・歌《か》・舞《ぶ》**といいます。

「嬉」は喜びのことです。喜びの心も表情も、自分をもてなす飾りとして考えるのです。何かやり遂げて「やったね」「よかったね」と人から笑顔でいってもらえたときは、その人から心の花束をいただいたようなものです。

自分がウキウキするとき、何かを楽しみにしているときは、自分で自分を輝かせている、つまり飾っているのと同じです。

「鬘」は髪飾りや首飾りの意味ですが、目に見えるものすべてです。部屋に飾る花などはわかりやすい例でしょう。あなたの持ち物はすべて、あなたを飾っているでしょう。財布、バッグ、服、靴、手帖、ペン、携帯電話など、あなたをあなたらしく飾るためのものです。

そして、冒頭でご紹介したように、葉っぱ、苔など自然界にあるものも、世の中を飾り、あるときは自分を飾ってくれているように感じられます。

「歌」は文字通りの音楽と考えてもいいし、音と考えてもいいでしょう。耳から入ってくるものはすべて、世の中を飾り、自分をもてなしていると感じられる人はいるのです。部屋で流すBGMは自分の心をもてなす音楽です。

動物や鳥の鳴き声もそれぞれに与えられた鳴き声で、「自然って素晴らしい！」と謳《おう》歌《か》しています。生まれたばかりの赤ちゃんの泣き声も、命の讃歌《さんか》に聞こえます。

「舞」は踊りのこと。動きで世の中を飾り、私たちをもてなしてくれているものがあると、仏教では考えるのです。流れる雲、水の流れ、家の中を吹き抜ける風などの自然の営みはいうまでもありません。世界各地のお祭りで披露される踊りも、何かを飾り、もてなすために行われます。

ともすれば、自分なんてと思い、カサカサした心になってしまいがちな私たち。しかし、周囲に目を向け、耳を澄ませ、クンクン匂いをかぎ、舌で味わい、さわってみれば、私たちはビックリするほどの飾りに囲まれていることに気づけます。

48

大きな力に包まれて

自分は認められて ここにいるということ

人には、認められたい・愛されたい・褒《ほ》められたい・役にたちたいという四つの願いがあるそうです。

逆にいえば、認めてもらえず、愛してもらえず、役にたてず、褒められもしない人は、生きていく力がわいてきません。

「認められたい」は、「なんだ、そこにいたの？」といわれたときのむなしさを想像すればいいでしょう。

「えっ？　気づかなかった？　私なんかいなくてもよかった？」と暗い井戸に投げこまれたような気になります。

「愛されたい」は、自分に注意が向いているのを実感できること。家族や職場で、だれも話しかけてくれない、気にかけてくれない、家に帰っても自分の分だけ食事が用意されていない、職場の飲み会に自分だけ誘われない……。そんなときの切ない思いは、愛されたいという欲求が満たされないからでしょう。

「役にたちたい」は、自己存在の意義を問われる問題です。物は役にたたなくなれば捨てられます。水がこぼれるコップはお払い箱になります。インクが出ないボールペンもごみ箱行きです。

役にたたないものは捨てられると考えてしまうので、役にたつことで自己存在を保とうとするのでしょう。

「褒められたい」は四つの中で、もっともやっかいな願い。それは自分のやったことが役にたっているのを認めてもらった上で、褒めてもらいたいからです。褒めてもらうことが愛の充足につながるので、「褒められたい」は、他の三つの願いをすべて網羅《もうら》している点で厄介です。

以上をふまえて、人から認められなくても大丈夫と申しあげたいのですが、その前に大切なことがあります。それは、右の四つのお願いを「なるほど」と思うなら、まずあなたが、だれかの願い（四つのうち一つでもいいのです）を満たすやさしさを持つことです。

「会えてよかった」「元気そうで何よりですね」「おかげさまで助かりました」「さすがですね」——こんな言葉を、たくさんいえるようにしておきたいですね。

さて、私は毎日、近所の都立公園に犬を連れて出かけます。犬の散歩ではなく、私の散歩に犬をつきあわせるのです。芝生のピクニック広場や、林の中のバーベキューコーナーもある公園で、一周するのに十五分かかります。

あたり一面の何十万本という芝の上を歩くとき、私は「この中の一本一本が、ここに生えるのを、自然から認められているのだな」と思います。認められなければ枯れてしまうでしょう。「そこに生えていていい」という自然からのお墨《すみ》つきをもらっているのです。

木一本にしても、その木の枝についている葉っぱ一枚にしても、「そこにいていい」と認められている存在だと感じるのです。

私は、こうした感覚を自分に当てはめます。両親がいて、この世に生まれた。喜怒哀楽に翻弄《ほんろう》されながらも、どうにかこうにか生きている。それは、私がここにいてもいい、生きていていいと、大きな力（空《くう》・諸行無常《しょぎょうむじょう》などの大自然の法則）に認められているからだと思うのです。

自分の中にこのような感覚を持てるようになると、人から認められなくてもそれほど不安になることはありません。**自然は私たちに、「ここにいていいよ」と、大きな安らぎと勇気を与えてくれています**。

49 人生というキャンバスに描けないものはない

宿命と運命ということ

「この人となら不幸になってもいいと思う人と、結婚したほうがいい」

この言葉を聞いたときは驚きました。だれだって「この人と幸せになろう」と思って結婚するのです。二人で不幸になるなんて、そんな発想自体がありません。

しかし、どんなに二人が努力しても、どうにもならないことがあります。そのときに、助けあうのが夫婦です。そこで、冒頭の言葉が重みを増します。

「この人となら、不幸になっても耐えていける。乗りこえていける」――なんと素晴らしい夫婦愛ではありませんか。そうです。夫婦というのは、そうでなくちゃいけません

――と一人感動したのをおぼえています。

感激ではありません。感動したのです。この二つが同じだと思ったら大間違い。感激は感情が激するだけですが、感動は感じて動くことです。感じたあとに、行動が変わることを感動というのです。簡単に「感動した」なんていってはいけません。

動きがどう変わったかといえば、まず、人に「結婚するならね……」と話すようにな

りました。それにつれて、家内をいとおしく見るまなざしの奥に「こいつとなら不幸になっても大丈夫」という覚悟が宿ったのです（家内は気づいていないでしょうけど）。

もう一つビックリした言葉に「宿命は変えられないが、運命は自分で運ぶもの」があります。「なるほどなぁ」と感心しました（これは感動ではなく、感心でした）。

国語辞典によれば、宿命も運命も、前世からの因縁《いんねん》を含めた超自然的な力に支配されて私たちにめぐってくる運のこと。ですから、一般的には「運命だと思って諦めよう」と「宿命だから仕方がない」は、同じ意味です。

宿命は自分で選ぶことができません。本書で何度もお伝えしている「自分のご都合どおりにならないもの」の中で、「自分のご都合以前のもの」が宿命です。生まれた時代、性別、人種などです。どうすることもできないことが明らかなので、諦めるしかありません（明らかと諦めるの関係は〈選ぶということ〉152ページを参照してください）。

しかし、「運命を切り開く」という表現があるように、自分の力でどうにかなる運もあります。何をどうするか、そして、それをどう感じ、どう考えるかは、私たち一人ひとりに決定権があります。天の意思《いし》ではなく、私個人の裁量にゆだねられています。

徹底した運命論者、宿命論者は、それらの自己決定さえ、あらかじめ決められたものを自分で決めたと思っているだけだと主張しますが、そんな人は永遠に自分を認めることができないかわいそうな人でしょう。堂々と生きていく生き方とは無縁な人です。

宿命は変えようがありません。しかし、それ以外は、自分の行動、感じ方、考え方で、どうにでもなります。ややこしいいい方で申しわけありませんが、私たちは自分の意志でどのようにでもできる素晴らしい「宿命」も背負っているのです。

過去に経験したこと、これから経験することに決められた意味などありません。「時間ということ」（149ページ）でお伝えしたように、過去の出来事は変えられませんが、そのときの思いをいまの自分が変えることができます。これから先に出会うことも、その意味づけをするのは自分以外にありません。

私たちの人生はまるでキャンバスです。描いてしまった心象風景も変えられます。将来という白いキャンバスにどんな心象風景を描きだすかは、自分が決めていくのです。

運命を切り開くというのは、自分の道を、自分でつくっていくことです。

50

毎日が「はじめて」の一日

心の張りということ

旅行に誘われて、「いや、あそこは何度も行ったから」と断る人がいます。何度行っても、今回は違う発見があるかもしれません。ユニークな新しいみやげ物店ができているかもしれません。それを確かめてみようとする気すら起きないのは残念なことです。「このメンバーでこの季節に、あそこに行くのははじめて」という心の張りがないのです。

実際に旅行に行くと「前に来たことがあるんです」とおっしゃる人がいます。見どころや穴場情報などを教えてくださるのは、ありがたいのです。しかし、「前にも来てるんだぞ。どうだ、すごいだろう」と自慢気な雰囲気を漂《ただよ》わせる人がいます。

前回とメンバーは違うし、季節だって違います。前回来たときより年を重ねたので感受性だって違っています。前回と同じはずがないのに、「前にも来てるんだ」は自慢にならないばかりか、「自分はつまらない人間です」と宣言しているようなものです。

「前にも来たけど、あれから数年経っているから、何が変わっているか楽しみだ」という心の張りを、どこかに置き忘れてしまったのです。

テレビで料理店が紹介されると「ここは行ったことがある。レポーターが食べているのはおいしかったけど、他のメニューは普通らしいよ」と情報通《つう》を自慢し、行ってみたいと思う人の気持ちをごっそりそいでしまう人もいます。

自分と人が違うことに気づきません。「私が普通と思ったお料理も、人によってはおいしいと思うかもしれないから、もう一度行ってみようか」と再チャレンジする心がしなびてしまうのです。

ついには、旅行に誘うと「あそこは、このあいだテレビの旅番組で見たからいいや」という人もいます。こうなれば、もはや誰も旅行に誘いません。しかし、そのくらい鈍《どん》感《かん》な人になると、「みんなで旅行に行って、どうして私を誘わないのだろう」と、自分でまいた種に気づかずに、お先真っ暗の人生街道を一人寂しく進むことになります。

「テレビより実物のほうがずっといいだろう」とウキウキする感性がなえているのです。

十代のころ私はいわゆる、無気力・無関心・無感動を地でいく三無主義（主義なんて呼べるほどのものではありませんが）。

三十代で、心の張りをいつも忘れないで毎日をいきいき過ごしている人に出会って、感動しました。

それからは、知人が誕生日を迎えると、「いくつになりましたか?」とたずねます。「三十五歳になりました」と聞けば、「そうですか。ではあらためて、生まれてはじめての三十五歳、おめでとうございます」とお祝いの言葉を述べます。

相手はキョトンとした顔をした後に「そうですよね。生まれてはじめて三十五歳になったんですよね」と笑顔で答えてくれます。

本書は、私が五十六歳になってはじめて書いた本です。私の執筆中に家内がインフルエンザで一週間寝たなんてはじめてでした。はじめて花粉症を自覚して、ショボショボした目で書いた本も本書がはじめてです。来年、私は生まれてはじめて五十七歳になります。

毎日が、いままで経験したことのない一日です。

私は死ぬまで、「はじめて」という心の張りを忘れないでいようと思います。死ぬ間際でも「私はもうすぐ、生まれてはじめて死ぬのだな」とウキウキしていられたらいいと思います。

心の張りを忘れないでいましょう。それだけで、新鮮な毎日が過ごせます。

著者略歴

一九五八年、東京都江戸川区小岩の寺の次男として生まれる。一九八一年、大正大学米英文学科を卒業後、英語教師を経て、江戸川区鹿骨の元結不動密蔵院の住職になる。真言宗豊山派布教研究所研究員。豊山流大師講（ご詠歌）詠匠。密蔵院写仏講座・ご詠歌指導なども行っている。

著書にはベストセラー『般若心経、心の「大そうじ」』『気にしない練習』（以上、知的生きかた文庫）、『3日間で驚くほど心が晴れる本』『煩悩力』（以上、ＰＨＰ研究所）などがある。

◎元結《もっとい》不動　密蔵院
東京都江戸川区鹿骨4-2-3
http://www.mitsuzoin.com/

これがわかれば
——小《ちい》さな小《ちい》さな50のさとり

二〇一五年六月一六日　第一刷発行

著者　名《な》取《とり》芳《ほう》彦《げん》
発行者　古屋信吾
発行所　株式会社さくら舎　http://www.sakurasha.com
東京都千代田区富士見一-二-一一　〒一〇二-〇〇七一
電話　営業　〇三-五二一一-六五三三　ＦＡＸ　〇三-五二一一-六四八一
編集　〇三-五二一一-六四八〇
振替　〇〇一九〇-八-四〇二〇六〇

装丁　岡田玲子
装画　浅妻健司
編集協力　岩下賢作
印刷・製本　中央精版印刷株式会社

ISBN978-4-86581-014-1

さくら舎の好評既刊

水島広子

「心がボロボロ」がスーッとラクになる本

我慢したり頑張りすぎて心が苦しんでいませんか？「足りない」と思う心を手放せば、もっとラクに生きられる。心を癒す43の処方箋。

1400円（＋税）

定価は変更することがあります。